素书

感悟传世奇书中的成功智慧

〔西汉〕黄石公⊙著

丁敏翔⊙编著

中国民族文化出版社

北京

前言

提起《素书》，很多人可能未曾耳闻，但提起大名鼎鼎的汉相张良，却无人不知，无人不晓。相传张良之所以能名标史册，靠的就是一部《素书》。这其中有个流传千古的历史故事。

张良，字子房，本是个只知快意恩仇的侠义之士。他原本是韩国人，后韩为秦所灭。公元前218年，他组织一些人伺机刺杀秦始皇，为韩国报仇，但没能成功，被迫亡命天涯。

一天，张良流浪到下邳（pī），意外遇到了一位老人——黄石公。老人故意将鞋抛在桥下，让张良捡鞋并替他穿上鞋。经过几次对张良的考验，最后他认定"孺子可教矣"，遂将一卷书传给了张良，并告之："读此书则为王者师矣。"相传这本书就是《素书》。

《素书》彻底改变了张良，使他从一个普通的青年，变成了一位足智多谋的王者之师。在刘邦建立大汉王朝的过程中，他帮助刘邦化解了一个又一个政治、军事、经济的危难之局，使刘邦在楚汉相争的复杂局面里总能化险为夷。更为可贵的是，他凭借《素书》中的智慧，在功成名就之后，巧妙地跳出了权力之争的旋涡，洒脱安逸地度过了自己的晚年。难怪刘邦评价说："夫运筹策帷帐之中，决胜于千里之外，吾不如子房。"

一本书点醒了一个普通人，这个人又深刻影响了中国历史的进程，这就是传世奇书《素书》的巨大威力。难怪后人盛赞《素书》为"中国谋略第一奇书""智慧之禁果，治人之兵法，成功之操典"。

一个"素"字道出了《素书》的特点。"素"有"本来""质朴"之意。顾名思义，《素书》即是一本传达质朴道理的书。的确，《素书》原文并不长，仅有一千余字，有点类似后世的语录。如此短的篇幅却完整地表达了修身正己、为人处世、领导谋略、治国安邦的四大思想体系，可谓博大精深。

《素书》原文分六章，以"道、德、仁、义、礼"贯穿始终，强调无论是修身养性还是想成就事业，都必须身兼五者而不可缺一。在为人处世方面，《素书》为我们提供了一系列策略和技巧，强调处世必须顺应天理；同时，《素书》还特别重视人与人之间的关系，强调在中国这样一个人伦社会中，为人、处世、居官都必须重视人际关系的处理。

为了让读者更深刻地体会《素书》的智慧，本书采用《四库全书》中的《素书》权威文本，参照宋代名相张商英的注释和清代王氏（清代王姓人，因不知其名，所以后人以"王氏"称之）的点评，在为读者提供原汁原味的原典的同时，博采众家之长，为原典做了通俗易懂的翻译、精彩到位的评鉴及深入的延伸阅读。本书集知识性、哲理性、故事性、实用性为一体，引导读者全面而深入地感悟这部传世奇书中的成功智慧。

目　录

第一章　原始

第二章　正道

第三章　求人之志

第四章　**本德宗道**

第五章 遵义

第六章 安礼

第一章　原始

注曰：道不可以无始。

王氏曰：原者，根。原始者，初始。章者，篇章。此章之内，先说道、德、仁、义、礼，此五者是为人之根本，立身成名的道理。

现代解读： 人生在世道德修养为立世之根本。天道、德行、仁爱、正义和礼仪历来是中国人文思想的核心组成部分。古人认为，圣贤是道德的楷模。孔子和孟子能成为圣贤，和他们的为人有极大关系。端正己心，以求知的心态修德行，人生也会因这份努力而美丽长存。

【原文】

　　夫道、德、仁、义、礼，五者一体也。

　　道者，人之所蹈，使万物不知其所由。德者，人之所得，使万物各得其所欲。仁者，人之所亲，有慈惠恻隐之心，以遂其生成。义者，人之所宜，赏善罚恶，以立功立事。礼者，人之所履，夙（sù）兴夜寐，以成人伦之序。

　　夫欲为人之本，不可无一焉。

　　贤人君子，明于盛衰之道，通乎成败之数，审乎治乱之势，达乎去就之理。故潜居抱道，以待其时。若时至而行，则能极人臣之位；得机而动，则能成绝代之功。如其不遇，没身而已。是以其道足高，而名重于后代。

【译文】

　　道、德、仁、义、礼五位一体，密不可分。

　　道，是人所遵循的自然规律，为世间万物所遵循，但往往不会被意识到。

　　德，是人顺应自然的安排而使其欲求得到满足，世间万物都如此。

　　仁，是人所具有的慈悲、怜爱之心，有此心，人才会产生各种善良的愿望和行动。

　　义，是人所遵循的与事理相适宜的行为准则，它要求人们奖赏善行、惩罚恶行，以此建功立业。

礼，是人所遵循的社会规范，在礼制的规范下，每个人都勤奋不懈，按照各自的社会角色行事，形成和谐的人伦社会秩序。

这五项是做人的根本，缺一不可。

贤明的人和有德行的君子，都明白世间万物兴盛、衰败的道理，通晓事业成功、失败的规律，知道社会太平、纷乱的局势，懂得把握好进退的尺度。当时机不对时，能够及时退隐，坚守正道，等待时机来临。一旦时机成熟，便趁势而行，于是常常能够位极人臣并建立盖世之功。如果时运不济，他们不过平平淡淡过完一生罢了。这样的人往往能达到很高的道德情操境界，成为后世学习的典范，为后代所敬仰。

【智慧点拨】

为人智慧

修身是为人处世第一要义

人品，是人生的桂冠和荣耀，是一个人最高贵的财产，构成了人的地位和身份，是一个人在信誉方面的全部财产。人品使社会中的每一个职业都成为荣耀，使社会中的每一个岗位都受到鼓舞。它比财富更具威力，使所有的荣誉都毫无偏颇地得到保障。它伴随着时时奏效的影响，因为它是一个人被证实了的信誉、正直和言行一致的结果。一个人的人品比其他任何东西都更明显地影响着别人对他的信任和尊敬。

中国古代士人特别强调修身，认为一个人要成大事，就要做到诚挚待人、光明坦荡、宽人严己、严守信义，这样才能赢得他人的信赖和支持，从而为事业的发展打下良好的基础。

《素书》有言："道、德、仁、义、礼，五者一体也。"这五种思想乃是人生大格局的组成部分，"欲为人之本，不可无一"。人生荣辱成败，取决于能否对这五种思想的正确把握。

《周易·坤·象传》上说："地势坤，君子以厚德载物。"有德之人更能明白人们所追求的利益，并能尽力给予最大的满足。人之生于世，一为名，二为利，三为尊重。综观历史，有大成就的人必然有德行从而能令他人为其舍命效劳。

世间巧伎无穷，但有德者可用其力；世间变幻莫测，但品格高尚者可立一生。这是成功人士或希望成功的人所应具备的道德品质，"道之以德""德者得也"。《左传》中说："大上有立德，其次有立功，其次有立言。虽久不废，此之谓不朽。"最上等的，是树立高尚的品德；次一等的，是建功立业；再次一等的，是著书立说。这三者都能够长久地流传下去，这就是我们所说的不朽了。以上告诉我们，要以道德来规范自己的行为，这样才能成为优秀的人，才能体味人生的乐趣、生命的精彩。

人在一生中，尤其是在年轻时容易犯下的错误，多数是被容貌的美丑所束缚而不考虑关系整个人生的品格之美。事实证明，倚仗外表的人往往因外表而毁灭，倚仗品格的人却因此而永生。

外表的美固然能从视觉上给人以强烈的冲击，但外表的美是会消退的，只有内心的美才能愈久弥真。一个人的修养的高与低，取决于他的品行，而不是看他长得如何、穿着怎样。如果一个人不思进取，终日游手好闲，虚度光阴，那么即使他全身都是名牌，也无法让自己有良好的修养。要让自己有良好的修养，首先得陶冶自己的情操，注重学习和阅读，让自己成为一个思想高尚的人。只有华丽的外表，而没有良好的修养，这样的人不仅不受人们的欢迎，反而还会遭到人们的唾弃。

　　良好的修养离不开高尚的品德。如果没有高尚的品德、有趣的灵魂，再漂亮的外表，也不过让你充当服装店里的衣架子而已；能够让你一飞冲天、成就生命格局的是你高尚的品德以及良好的修养。

在心为德在施为行，德是做出来的

　　为什么一个"道足高"的人会"名重于后代"？黄石公想告诉我们，道德名片是为人处世的最佳通行证。也许，你是一个很平凡的人，但是，如果你拥有美德这张最有用的通行证，你的人生就会熠熠生辉，你将由平凡走向成功。不管时光怎么流逝，美德永远是最能打动人心的勋章。在美德面前，所有的不幸都会变得渺小。只有美德能让你获得真正意义上的成功——一种精神上的永恒。它让你以宽广的视野观察宇宙，让你的生命在最高的顶点上俯瞰世间一切，灵魂也便随着生命格局的打开而提升。

　　在那些美色和财富不起作用的场合，和蔼亲切的风度、令人着迷的人格却可以给人留下美好的印象。我们每一个人做事，要做好事，要好好做事，做有益之事；我们每一个人做人，要做好人，要好好做人，做优秀之人。做事先从做人开始，利人利己的事多做，损人利己的事不做。这是做人的基本准则。

　　成功之道，在以德而不以术，以道而不以谋，以礼而不以权。成大事的人往往都有一颗谦虚谨慎的心，都是不把自己的真正实力暴露出来的人。这类人做人做事不锋芒毕露，不狂妄，不骄不躁，韬光养晦，大智若愚，大巧若拙。

"大智若愚"从字面上理解，即最高的智慧接近于没有智慧，接近于木讷，接近于愚。现代人如能做到大智若愚，即使不能步入成功者的行列，也足以在世间安身立命。

做人的成败与做事的成败密切相关。美国哈佛大学行为学家皮鲁克斯曾有一句名言："做人是做事的开始，做事是做人的结果。把握不住这两点的人，永远都是边缘人！"只有通晓做人的道理，能经受做人的历练，才能胸怀大智、心装大事，才能通过健全的心智、充沛的精力和正确的行动，求得事业的成功。要做大事的人，不追究一些细碎的小事；观赏大玉圭的人，不细考察它的小疵；得巨材的人，不为其上的蠹（dù）蛀而快快不乐。因为一点瑕疵就扔掉玉圭，并不能得到完美的美玉；因为一点儿蠹蛀就扔掉巨材，未必能在天下找得到完美的良材。要做成大事，须统观全局，不可纠缠在小事之上。但对小事也不可置之不理，而是时刻关注其动向，可根除其弊之时必根除，这样方可保全大局。

北宋名将狄青和猛士刘易之间有过一段这样的故事。

有一年，狄青要出守边塞，他的好朋友韩将军向他推荐了一名猛士，这名猛士叫刘易。刘易熟知兵法，善打恶仗，对狄青守卫的那段边境的情况非常熟悉，狄青带他一起到边境去十分必要。但是，刘易有个特殊嗜好，就是爱吃苦荬（mǎi）菜，一顿饭吃不到苦荬菜就会呼天喊地、骂不绝口，甚至还会动手打人，士兵、将领为此都有点怕他。

刘易随狄青到边塞后，忙于军务，每天早起晚睡。从内地带的苦荬菜很快就要被他吃完了，而边塞又见不到这种野菜。这天，士兵送来的饭菜里缺少了苦荬菜，刘易便把盛饭菜的器皿扔到地上，并在军营中大闹不止。士兵将此事情报告给狄青，狄青听了非常生气。

就这种情况而言，刘易这样的人是绝不能留在戍边军队中的，但刘易确实与众不同。狄青考虑，如与这种性格刚烈的人发生正面冲突，不仅会破坏自己与韩将军的朋友关系，而且会影响刘易的情绪；但如果放任不管，势必会动摇军心，影响戍边军队的管理。

于是，狄青出面好言安抚刘易，并立即派人回内地去买苦荬菜。一部分将领见这种情况，非常不服气，说狄将军骁勇善战，屡建奇功，而刘易何德何能，却要狄将军放下军务派人去给他弄苦荬菜吃。特别气盛的将领还想去与刘易比一比武艺，杀一杀刘易的威风。狄青急忙劝阻众将。他说："刘易原本不是我的部下，而是韩将军推荐的一位了解此地情况的猛士。如果你们与他计较，争强斗胜，传出去势必会给敌人以可乘之机。我们现在要加强团结，绝不能争一时之短长。"

当这些话传到刘易的耳中，他非常感动。狄青派人专程去买苦荬菜，刘易觉得获得了同情和理解；狄青劝阻将领勿争强斗胜，刘易觉得这是顾全大局，宽宏大量。他意识到，在这种情况下，不该再给非常忙碌的狄青添麻烦。

过了几天，刘易羞愧地去找狄青，说："狄将军，您治军严格的名声，我在韩将军手下时就有耳闻。这次，我因这么点儿小事就大闹，您不仅不责怪我，还原谅了我，我一定会报答您。"从此，刘易再也没为苦荬菜闹过事，并且逢人便夸狄青的胸怀宽阔。

狄青以德不仅征服了刘易，而且征服了其他将领、士兵。

更重要的是，他在做事情时能抓大局，不因身边重要人的小瑕疵而发火，失去领导者的风范，这种德行和胸怀值得学习。狄青的处世方法正体现了"德足以怀远"，不管是谁都会被他宽阔的胸怀所折服。

品德是引导一个人行动的航标，拥有良好的品德，我们才不会在人性的丛林中迷失方向。美国舞蹈家伊莎贝拉·邓肯说："有德行的人之所以有德行，只不过受到的诱惑不足而已；这不是因为他们生活单调刻板，而是因为他们专心致志奔向一个目标而无暇旁顾。"的确如此，一个注重品德修养的人，绝不会轻易受到外界不良人和事的影响，做出有损声誉的事情。坚守高尚人格的人，能经得起岁月的考验，并随着时光的流逝，历久弥新。以良好的德行作为自己最高的做事准则，并且恪守信义，这样才会赢得人心，成就事业。良好的德行能让我们获得更多的信赖、理解，能得到更多的支持、合作。当我们的一言一行被人认可接受后，人生的大格局便也开启。

仁爱从心做起，人情味由心而生

黄石公在《素书》中对"仁"推崇备至，认为各种善良的愿望和行动都会随着"仁"而生。的确，我国的儒家思想将"仁爱"置诸高位，对其无比推崇。《孟子》中说："仁者爱人。"何谓仁，即关爱他人。《论语》中说："夫仁者，己欲立而立人，己欲达而达人。"这是推己及人的肯定方面，叫作"忠"。而推己及人的否定方面，孔子称之为"恕"，即"己所不欲，勿施于人"。推己及人的这两个方面合在一起，就叫作"忠恕之道"，亦称之为"仁之方"，即施行仁术的方法。

仁爱思想讲究付出、不计回报，提倡扶危济困、尊老爱幼。古来受到儒家仁爱思想影响的先贤不计其数，不仅如此，他们常能做到想人之所想，急人之所急。

诗人屈原在幼年时就有悲天悯人的情怀。据说有一年闹饥荒，庄稼没有收成，饿死了不少人。许多人不得不背井离乡，沿街乞讨，甚至有的饿到啃树皮、吃田里的泥土，幼小的屈原见之不禁伤心落泪。

一天，屈原家院墙的缝隙突然流出了米。饥饿的人们见状，纷纷拿来碗、瓢、布袋接米，将米背回了家。

不久，屈原的父亲便发现家中粮仓的米越来越少，他感到很奇怪却找不出原因。直到一天夜里，他发现屈原正从粮仓里往外背米，便将屈原叫住，一问才知道原来是屈原把家里的米灌进墙缝里。

人们知道了真相都很感动，纷纷夸赞屈原。

父亲没有责备屈原，只是对他说："咱家的米救不了多少穷人。如果你长大后做官，把我们国家管理好，天下的穷人不就有饭吃了吗？"自此，屈原勤奋治学。成人后，楚王得知他很有才干，便召他为官参与治理国家。他为国为民尽心尽力，为后世之人所称颂。

屈原所做的一切正是出于他心中的"仁爱"，正是这种对国民的仁爱之心成就了他的千古美名。"善为至宝，一生用之不尽。"善良之于人性，就好像食物之于健康一般重要。心存善念，则风波不起；广施善行，则天下太平。不过，在季羡林眼中，"仁爱"有大有小，凡是对国有利、对保持社会安定有利、对人类发展前途有利的益事就是大善；凡是对处理人际关系有利、对家庭和睦有利的事情可以称之为小善。善积而成仁，仁者则无敌。

蜀主刘备在临终前曾给其子刘禅下过一道遗诏，其中有云："勿以善小而不为。"这与季羡林在《有为有不为》一文里提到的观点是一致的。季羡林认为有些事情是应该去做的，即使很小的善行也要去做，只有小善积多才能成为利天下的大仁。

一位住在山中茅屋修行的禅师，有一天趁夜色到林中散步，在皎洁的月光下突然有所悟。他喜悦地走回住处，眼见自己的茅屋正遭小偷盗窃。找不到任何财物的小偷离开的时候，在门口遇见了禅师。原来，禅师怕惊动小偷，一直站在门口等待。他知道小偷一定找不到任何值钱的东西，早就把自己的外衣脱掉拿在手上。

小偷遇见禅师，顿时惊愕，手足无措。禅师却说："你走老远的山路来探望我，总不能让你空手而回呀。夜凉了，你带着这件衣服走吧。"说着，就把衣服披在小偷身上。

小偷无言以对，低着头溜走了。

禅师看着小偷的背影穿过明亮的月光消失在山林之中，不禁感慨地说："可怜的人呀！但愿我能送一轮明月给他。"

禅师目送小偷走了以后，回到茅屋打坐。他看着窗外的明月，渐渐进入禅定。

第二天，他在茅屋里睁开眼睛，看到昨夜他披在小偷身上的外衣被整齐地叠好，放在门口。禅师非常高兴，喃喃地说："我终于送了他一轮明月。"

面对偷窃的盗贼，禅师既没有责骂，也没有告官，而是以仁爱之心让他自省，并以这份苦心换得了小偷的醒悟。禅师送了小偷一轮明月，这轮明月照亮了小偷的心房。给一个小偷以谅解，这是小善，却含大德。

自古以来，爱人者人恒爱之。唯有你对他人施予仁爱，他人才会以德报德。不管你是贩夫走卒，还是高官显贵，唯有仁爱之心才能让你从容淡定、广结善缘，才能体现你的情深义重。人生来便受父母之疼爱、兄姊之悌怜，情义仁爱是人类最早的情感之一，最能体现人情味，乃人性中的无价之宝，我们自当珍惜。

处世智慧

行为正直的人堂堂而无所惧

"天地有正气，杂然赋流形。下则为河岳，上则为日星。于人曰浩然，沛乎塞苍冥。"出自文天祥的《正气歌》。这首诗和他在狱中所表现出的坚贞不屈的气节，正是对"浩然之气"的最佳注解。

所谓浩然之气，就是至大至刚的昂扬正气，是以天下为己任、担当道义、无所畏惧的勇气，是君子挺立于天地之间、无所偏私的光明磊落之气。在冯友兰先生看来，"浩然之气就是勇气，明显一点说，就是士气……有了浩然之气，可以堂堂地在宇宙中间做一个人而无所惧。所以说，浩然之气至大至刚，以直养而无害，则塞于天地之间"。

然而，自古做人难，做个一身浩然之气的人更难。如许衡般能说出并做到"梨虽无主，我心有主"更为难得。要保持浩然之气，就必须"日三省吾身"，做到自重、自省、自警、自励，时时处处以激浊扬清、弘扬正气为己任，使正气日盛，邪气渐消，引领社会不断走向正义和文明，这才是君子之道。

赵概是北宋南京虞城人，曾与欧阳修同在馆阁任职。赵概性情敦厚持重，沉默寡言，欧阳修看不起他。后来，欧阳修的外甥女与人淫乱，忌恨欧阳修的人借题发挥，以此事来诬蔑欧阳修。宋仁宗震怒，没人敢为欧阳修辩护，只有赵概为欧阳修上书，说："欧阳修因文才出众才成为皇上的近臣，皇上不能听信谗言，随便惩罚他。"有人问赵概："你不是与欧阳修之间有嫌隙吗？"赵概说："以私废公，我不能做这种事。"

宋仁宗并没有听进赵概的话，欧阳修被贬到滁州做知州。赵概自请外放，任苏州知州，接着又辞官守丧，守丧期满后，被授职翰林学士。他再次上书，要求为欧阳修恢复官职。虽然，赵概的请求没有被朝廷采纳，但当时的人们都非常赞赏赵概的正直。欧阳修也认识到了赵概的品行端直，对其非常佩服，两人后来为莫逆之交。

赵概的品行如此高尚，得益于他平时能够严谨克己修身。为了严格要求自己，他曾准备两个瓶子：如果起了善念，或做了好事，他就把一粒黄豆投入一个瓶子中；如果起了恶念，或做了不好的事，他就会把一粒黑豆投入另一个瓶子中。刚开始的时候，黑豆往往比黄豆多。后来，随着赵概对自己的检讨，时时内省，努力节制不良欲望，改过迁善，瓶子中的黄豆渐渐多了，黑豆随之减少，浩然之气就此在他身上一点点地形成了。

赵概用自我修行的方式，使身上充满了浩然之气，即冯友兰先生所说的最高境界——天地境界。与赵概相同的人还有很多，如"我自横刀向天笑，去留肝胆两昆仑"的谭嗣同，彪炳青史、万世景仰的岳飞，都是胸怀浩然正气之人。

浩然正气是人的精神"脊梁"，是抵御歪风邪气的"屏障"。正气长存，则邪气却步，阴霾不侵；仁义长存，则清风浩荡，乾坤朗朗。有了浩然之气，懦夫可以变成勇士，弱小可以积聚成强大。当人们心中存有浩然正气，便能无畏地畅游于天地之间。

懂"礼"方能存世而游刃有余

"有理走遍天下，无理寸步难行"，乃中国的一句俗语，如今且在此处大胆改成"有礼走遍天下，无礼寸步难行"。为何有此一改，当先从孔子说起。《论语》中说："不学礼，无以立。"一个人如果不懂得礼仪，就无法立身处世。黄石公因此说："礼者，人之所履，夙兴夜寐，以成人伦之序。"也就是说，人们必须遵守礼仪，规范行事，社会才能有序。

针对礼仪的问题，季羡林先生讲述了一种情景。在公共汽车上，由于人很多，大家你推我挤，难免踩一下碰一下，就因为这么"一下"，有的人便破口大骂，甚至大打出手。一时间拳脚你来我往，时有殃及无辜者，愤愤而语，好不热闹。这种情景在当今社会也时有所见。

为证礼仪之重要性，季羡林先生引用了香港一家报纸上刊载的一段话："富者有礼高质，贫者有礼免辱，父子有礼慈孝，兄弟有礼和睦，夫妻有礼情长，朋友有礼笃义，社会有礼祥和。"这段话充分说明了"知礼守礼"对生活、交往、社会的重要性。

孟子说："仁者爱人，有礼者敬人。爱人者，人恒爱之；敬人者，人恒敬之。"荀子说："仁义礼善之于人也，辟之若货财粟米之于家也。"唐代贤相张九龄称："人之所以为贵，以其有信有礼。"可见，自古以来我国的先贤都非常注重礼仪，认为人懂得礼仪，才能受他人尊敬，游刃有余存于世。

春秋时期，孔子和学生们周游列国，宣传他们的政治主张。

一天，他们驾车去晋国。一个孩子在路当中堆碎石瓦片玩，挡住了他们的去路。子路大声叱喝这个孩子，叫他让路，可孩子佯装没听见。子路没有办法，便将此事告诉车内的孔子。

孔子走下马车，对这个孩子说："你不该在路当中玩，挡住我们的马车。"孩子指着地上的碎石瓦片说："老人家，您看这是什么？"孔子仔细一看，是用碎石瓦片摆的一座城。孩子又说："您说，应该是城给马让路还是马给城让路呢？"孔子被问住了。

孔子觉得这孩子很懂得礼，便问："你叫什么？几岁了？"孩子说："我叫项橐（tuó），七岁。"孔子对学生们说："项橐七岁懂礼，他可以做我的老师啊。"

项橐垂髫之年，便知"马让城"的道理，告诉孔子凡事应有"先来后到"，即便对他这个孩子，也应讲礼仪，而不能以大欺小。孔子对项橐的知礼大为推崇，后来甚至拜其为师，成就一段千古佳话。

礼仪不仅能表现出一个人高尚的品德和良好的修养，而且对身处社会各个阶层的人来说皆非常有用。孔子认为，对一般人，"不学礼，无以立"；而对统治者来说，"上好礼，则民莫敢不敬"。

晏子是战国时期齐国的卿。有一回，晏子和一些大臣一起陪齐景公饮酒。齐景公最爱喝酒，他一喝酒便忘乎所以，甚至喝得酪酊大醉，几天不醒。喝到兴头上时，齐景公说："寡人今天愿与各位贤臣开怀畅饮，请不必拘泥于礼节。"

晏子一听很是忧虑，便严肃地对齐景公说："国君这话不对。臣子们原本并不希望国君讲礼法。本来力气大的人可以称为兄长，胆量大的人可以杀掉他的官长和国君，只因为畏惧礼法才不敢这么做。如果臣下都随心所欲，只凭力气和胆量行事，就会天天换国君，那您将在哪里立足呢？人之所以比其他动物高贵，就是因为人能用礼法约束自己，所以不能不讲礼节。"

齐景公觉得很扫兴，于是不理晏子。过了一会儿，齐景公有事出去，除了晏子安坐不动之外，其他大臣都站起身来相送。等齐景公办完事回来时，晏子也不起身相迎。齐景公招呼大家一齐举杯，晏子却不管三七二十一，先把酒喝了。

齐景公见晏子这样不拘礼法，气得脸色铁青，瞪着晏子说："你刚才还大讲特讲礼法是如何重要，而你却一点儿都不讲礼节。"晏子连忙离开席位，叩头谢罪，说："臣不敢无礼，请国君息怒。我只不过是想把不讲礼节的实际状况做给国君看看。国君如果不要礼节，就是这个样子。"

齐景公恍然大悟，说："这的确是寡人的过错。请先生入席，我愿意听从您的教诲。"

晏子通过不守礼法的行为，告诉齐景公礼仪对一个国家的重要性。正是因为礼法的存在，人们才能抛弃野蛮的生活状态，在礼法的约束下和平共处，共建繁荣。

孔子说："非礼勿视，非礼勿听，非礼勿言，非礼勿动。"如果一个人不懂礼，必会给社会带来不协调的后果，行走于世也会处处碰壁，寸步难行。反之，倘若人人都知礼讲礼，便会像孟子所说的"敬人者，人恒敬之"那样。

你给予他人足够的尊敬，他人也会始终尊敬你，行走于世间便会减少人际摩擦，干戈也可能化为玉帛，社会因此处处和谐。

把握好进退的时机和尺度

该进则进，当退则退，在黄石公看来，君子处事要"达乎去就之理"，即知晓进退时机和把握尺度。正如春光无限好却总有尽时一样，人生也是如此。每个人都会有顺境之时与逆境之时，即"人无千日好，花无百日红"。在逆境之时暂时隐退，不是懦弱的表现，退却也并非失败，它们反而有时是获胜的关键。

人不会总是一帆风顺，随时都有可身处逆境。如果一时无法摆脱逆境，就应该舍弃既得的利益而保住自己的根本。这是明智者的聪明抉择，也是以退求进的处世之法。抛弃既得利益，虽然损失惨重，但不足以致命；即使损失了既得利益，但长远利益可得以保留下来。俗话说："留得青山在，不怕没柴烧。"只要保全根本，就不会是最坏的结果。

管理智慧

莫将自己不愿承受的强加于他人

《素书》中提到，有德之人让世间万物"各得其欲"。《论语》中说："己所不欲，勿施于人。"领导者在与人交往的过程中，应该体会他人的情绪和想法，理解他人的立场和感受，并站在他人的角度去思考和处理问题。用自己的心推及他人，自己希望这样生活，就应想到他人也会希望这样生活；自己不愿意他人这样对待自己，就不要这样对待他人；自己所不愿承受的，就不要强加在他人头上。

自私的人，往往都有这样的毛病：只希望自己好，若他人比自己好，便总想去破坏，费尽心机打击他人。这种褊狭的行为最终会自食其果。因为，你怎样对待他人，他人就会用同样的方式对待你，最后"报应"便降临到你身上。

如果一个人能摒弃这种私心，推己及人，善于站在他人的立场上考虑问题，身边就会聚集更多的人，人们也更加愿意同他结交，进而他的交际圈就会越来越广，事业和人生也会越来越顺利。设身处地地站在他人的角度想问题，这对一个人成大事和获取成功极为有益。

东汉末年曹操和袁绍在官渡作战。当时，曹军远不如袁军强大。但袁绍刚愎自用，不纳忠言，一再错失战机；曹操则富有谋略，善于用兵。结果，战事以曹操的胜利而告终。

打败袁绍后，曹军将士在袁绍的军帐里搜到了一些信件，全是曹操手下的一些文臣武将与袁绍暗相勾结、示好献媚的信。有人建议，把这些写信的人全都抓起来杀掉。

可是，曹操不同意。他说："当初袁绍的力量十分强大，连我都感到难以自保，又怎么能责怪这些人呢？假如我处在他们的位置，当时也会这么做。"

于是，曹操下令把信件全部烧掉，对写信的人一概不予追究。那些原本惶恐不安的人，一下子放下悬着的心，从此对曹操忠心耿耿，鼎力相助。

曹操这种为人处世的态度，使他赢得了人心，愿意投奔并甘心为他效力的人越来越多。这样，曹操的力量便越来越强大，他手下的谋臣和将士众多，他借此最终打败了那些割据一方的诸侯，统一了中国北方。

有个谚语说："要想知道别人的鞋子合不合脚，穿上别人的鞋子走一公里。"人是感性的动物，待人处事往往根据表象，依照自己的价值观和思维模式来判断，因此对待他人和自己常用双重标准。由此产生的冲突可想而知。若领导者能设身处地站在他人的角度考虑问题，为他人想一想，便会减少很多不满和抱怨，让更多人才聚集在身边。

有赏有罚铸就铁纪律

《素书》中的"义者，人之所宜，赏善罚恶，以立功立事"，体现了黄石公对"义"的看法。在黄石公看来，"义"是处世的道德勇气，同时"义"是人们处理事务的标准，而赏善罚恶是"义"的基本原则。在这里，黄石公意在提醒领导者，公正是领导者建功立业的前提。领导者要处事公正，对下属赏罚得宜，能够把握奖惩的度。激励要讲究分寸，做到适度，合适的才是最好的，不可机械地单一奖励或者一味地处罚。我们可以从一代枭雄曹操身上得到启迪。

曹操以赏罚分明著称，奖励和处罚都很到位。对有功之臣，他给以重赏。他深知重赏能极大地调动下属的积极性，使他们最大限度地为自己效力。对做了错事的大臣，他会施以重罚。就连曹操自己做错了事也会主动检讨和受罚。

曹操运用激励与约束相结合的方法，"赏罚必行"是曹操调动部下积极性的法宝。为了有法可依，奖罚分明，他于建安七年至十二年先后颁布了《军谯令》《败军令》《论吏士行能令》《封功臣令》等，并将20多名有功将吏封为列侯，同时对有过者给予惩处。

这种恩威并施的奖罚机制为后来曹丕结束三国鼎立的局面奠定了深厚的基础。

"赏"是对正确行为的肯定，帮助领导者旗帜鲜明地表明其所赞同的行为。"罚"是对错误行为的否定，表明哪种行为是被领导者所禁止的。优秀的领导者要像曹操那样，有奖有罚，赏罚分明。赏罚分明也是驭人术必不可少的一种手段。如果对下属不能赏罚分明，那么不仅会招致怨恨，还会让小人更加得志，让能者日益疏远。

不忍对他人有半点苛责，似乎能够显现这个人的仁慈，但也会使这个人没有原则，任人欺侮。特别是作为一个领导者，如果过于亲善，对该奖励的人没有足够的奖励，对该惩罚的人不能惩罚，那么他就变成了一个无能的管理者。

对有功劳的人不吝惜赏赐，体现了领导者的慧眼和明智。而对犯了原则性错误的人，饶恕就等于纵容，会破坏一个团队或生活圈子的规矩，以致人人都变得随便，不服从命令。

论功行赏、论罪处罚，会让领导者留下人才。其中最重要的就在于公正和公平。对于人才的任用，不论远近亲疏，只论功过是非，对就是对，错就是错，对了要奖励，有错就必须罚，两者清晰明确，如此方可减少团队内人与人之间的争执，增加整个团队的凝聚力，有效降低因不合而造成的损失，提高做事效率。

败而不馁，隐而不退

黄石公强调君子要懂得"潜居"，但"潜居"的同时必须"抱道"，其目的是"以待其时"。因此，"潜居"并不意味着彻底放弃。也就是说，当遇到挫折、打击的时候，要清醒地知道如何应对。想要有所作为，就要经受得住现实的考验，做到败而不馁，隐而不退。

东汉安帝永初二年（108），大将军邓骘（zhì）想请马融作自己的舍人。这本是旁人求之不得的美差，马融却拒绝了。他对朋友说："我马融志不在当官。何况一入官场，必定处处受打压，随波逐流，这怎会是真正的君子所做的事呢？"

朋友听了他的话不以为然，说："大丈夫应以治国安邦为己任，现在有这么好的机会，怎能放弃呢？读了书却不用，和迂腐又有什么区别？"朋友的话不无道理，不过人各有志，马融在读书治学中倒也过得逍遥自在。

但好景不长，马融所居之地因羌人作乱，当地百姓深受其扰。不久，战祸就使马融身受其苦，他无以维持生计，最后连吃饭也成了问题。朋友看他可怜的样子，伤心地说："现在米太贵了，而祸乱一时不会停止，自函谷关以西，随处都有饿死的人。我们读书治学，却不能保家安民。如此下去，恐怕连我们自己都要饿死了，真是惭愧啊。"

肚子受罪了，马融也终于醒悟了。他说："看来我的想法错了。古人言：'左手据天下图，右手刎咽喉，这种以名害生的事，愚夫也不干。'这样说是因为活命比拥有天下更珍贵啊。我先前怕受一点儿委屈，负了大将军的盛情，说来真是不明道理啊。若为世俗的小小羞辱而毁掉无价身躯，即使老子、庄子也会反对吧。"于是，马融改变了想法，跑去给邓骘做舍人了。马融自此有了匡扶大政之志。他辛勤办事，两年后被任为校书郎中。官虽不大，日子却总算有了奔头。

后来，马融针砭时弊，用心写了《广成颂》献给汉安帝，以讽谏之，却不想得罪了执政的邓太后，使邓太后对他心存厌恶，十年不让他升迁。十年间，马融虽仍勤恳做事，但邓太后还是借故把他罢免了。

但是，被放逐回乡的马融并不气馁，他仍是手不释卷，期待着有一天能重返朝廷。苦心人天不负，邓太后去世后，亲政的汉安帝重新征召马融为官。马融喜极而泣，对前来祝贺的乡亲说："身处逆境，牢骚满腹是没用的。我幸有今日，全在我信心不失啊。"

马融的故事告诉我们，人最了不起的是信心，最输不起的是精神。只要心存希望，败而不馁，隐而不退，就总会等来转机，正如"山重水复疑无路，柳暗花明又一村"所表达之意。逆境是不可避免的，但若在这种人生低谷时仍瞄准目标，坚定地向前行，就会在逆境中重拾希望，排除万难，最终到达目标。

第二章　正道

注曰：道不可以非正。

王氏曰：不偏其中，谓之正；人行之履，谓之道。此章之内，显明英俊、豪杰，明事顺理，各尽其道，所行忠、孝、义的道理。

现代解读：一个人要成大事，就必须讲求方正，即要做到诚挚待人、光明坦荡、宽人严己、严守信义。只有这样，才能赢得他人的信赖和支持，从而为事业的发展打下基础。

【原文】

德足以怀远，信足以一异，义足以得众，才足以鉴古，明足以照下：此人之俊也。

行足以为仪表，智足以决嫌疑，信可以使守约，廉可以使分财：此人之豪也。

守职而不废，处义而不回，见嫌而不苟免，见利而不苟得：此人之杰也。

【译文】

高尚的品德足以使四方咸服，诚实守信可以令异议统一，行事正直公正可以得到众人的拥戴，才识渊博便知以古为鉴，聪明睿智便可以体察下属和明辨是非：这样的人可谓人中才俊。

品行端正可以令人成为众人的表率，足智多谋可以决断嫌隙疑惑，诚实守信可以使人们遵守约定，公正廉洁则处事必公且仗义疏财：这样的人可谓人中英豪。

坚守职责而不荒废时光，恪守道义而不改初衷，被人猜疑而不苟且免于损害，见到眼前的利益而不苟且得到：这样的人可谓人杰。

【智慧点拨】

为人智慧

真正能征服人心的是德

武器可以杀死人，却不能征服人心。真正能征服人心的，不是武器，而是德，即《素书》所言："德足以怀远。"高尚的品德可以令他人心悦诚服。道理能征服人，主要靠真理的力量；道德能征服人，主要靠人格的力量。人格和德行作为一种非智力因素，尽管不是道理，但往往胜于道理。从某种意义上说，德行是形象的道理，道理是抽象的德行。

弘一法师李叔同未出家前曾给学生讲解了他对"先器识而后文艺"的理解。在他看来，要首重人格修养，次重文艺学习，也就是说：要想做一个好的文艺家，必须先做一个好人。这是李叔同的文艺观，也是他的人生观。出家后的李叔同，也是先做一个好和尚，后研究佛法的。

有位青年脾气很暴躁，经常和别人打架，大家都不喜欢他。

有一天，青年无意中游荡到了大德寺，碰巧听到一位禅师在说法。他听完后发誓痛改前非，于是对禅师说："师父，我以后再也不跟人家打架、斗口了，免得人见人烦。就算是别人朝我脸上吐口水，我也只是默默地擦去，忍耐承受！"

禅师听了青年的话，说："让口水自己干了吧，何必擦掉呢？"青年听后，有些惊讶，问禅师："那怎么可能呢？为什么要这样忍受呢？"

禅师说："这没有什么不能忍受的，你就把它当作蚊虫之类的停在脸上，不去在意它们。虽然，被吐了口水，但并不是受了什么大辱，就微笑着接受吧！"

青年又问："如果对方不是吐口水，而是用拳头打过来，那怎么办呢？"禅师回答："这不一样吗？不要太在意！这只不过一拳而已。"

青年听了，认为禅师实在是岂有此理，终于忍耐不住了，举起拳头，向禅师的头上打去，并问："和尚，现在怎么办呢？"

禅师非常关切地说："我的头硬得像石头，并没有什么感觉，但是你的手大概打疼了吧？"

青年愣在那里，无话可说。

禅师告诉青年的是"德"。"德"不是空口的说教，而是实际的行动。正因如此，德才有了震撼人心的力量。

孟子说："天时不如地利，地利不如人和。"这里的"人和"便是高尚的品德所造就的。高尚的品德具有巨大的力量，有时甚至能不战而屈人之兵，不战而百国来朝。

战国时齐宣王想做霸主，便向孟子请教。孟子说他不讲霸道，只讲王道，希望齐宣王行仁政，用道德的力量来统一天下。对国君来说，是否这样做，只存在肯做不肯做的问题，不存在能做不能做的问题。

接着，孟子举了一个有名的例子，他说："挟泰山以超北海，语人曰'我不能'，是诚不能也。为长者折枝，语人曰'我不能'，是不为也，非不能也。故王之不王，非挟泰山以超北海之类也；王之不王，是折枝之类也。"

孟子的这段话的意思是把泰山夹在胳膊底下跳过北海，告诉人说："这个我办不到。"这真是不能办到。替老年人折取树枝，告诉人说："这个我办不到。"这是不肯做，不是不能做。齐宣王不行仁政不属于把泰山夹在胳膊底下跳过北海一类事，而属于替老年人折取树枝一类事。对我们当代人来说，是否做社会道德的实践者，也是一个肯做不肯做的问题，而不是能做不能做的问题。

一个道德高尚的人不但能够使自己的人生充满意义，而且可以感化周围的人，使善的力量遍及人间。

君子重信才能维系人心

黄石公对"信"的作用十分重视，并且认为"信"具有"一异"的作用，即可以统一不同意见。他还认为，"信可以使守约"的人方能被称为英豪。可见，君子重信才能维系人心。

儒家向来提倡将信作为君子的必备品行之一。《论语》中的《子张》《阳货》《子路》等篇都提到信。例如《论语·子张》中记载，子夏说："君子信而后劳其民；未信，则以为厉己也。信而后谏；未信，则以为谤己也。"子夏的这段话的意思是，君子要先得到百姓的信任，然后再去役使他们，否则他们会以为你是有意虐待他们；君子还必须先得到君王的信任再进谏，如果没有得到信任就去进谏，君王就会认为你在诽谤他。

信的含义有二：一是别人信任自己，二是对人讲信用。信不仅是治国从政者获取民心的重要途径，同时也是我们立身处世的一项重要做人原则。

自古至今，父母在教育儿女的时候，都非常注重对子女进行诚信方面的教育。大家熟知的曾子（曾参，孔子的弟子之一）教育儿子的故事就是一个很好的例子。

有一次，曾子的妻子准备去赶集，由于孩子哭闹不已，曾子的妻子向孩子说，等她回来后杀猪给他吃。曾子的妻子从集市上回来后，曾子便捉猪来杀，妻子阻止说："我不过是跟孩子随口说说而已。"曾子说："和孩子是不可说着玩的。小孩子不懂事，凡事跟着父母学，听父母的教导。现在，你哄骗他，就是教孩子骗人啊。"于是，曾子把猪杀了。曾子深深懂得，诚实守信、说话算话是做人的基本准则，若失信不杀猪，那么家中的猪保住了，却在孩子的纯洁心灵上留下不可磨灭的阴影。

有关诚信的故事，除了曾子教子，我国历史上还有很多鲜活的例子。皇甫绩守信求责的故事堪称其中的代表。

皇甫绩是隋朝一位很有名的大臣。他三岁的时候父亲就去世了，母亲一个人难以维持生计，就带他回到娘家生活。外公见皇甫绩聪明伶俐，又没了父亲，挺可怜的，因此格外疼爱他。

皇甫绩的外公叫韦孝宽，韦家在当地是有名的大户人家，家里很富裕。由于家里上学的孩子多，外公就请了个教书先生在自家给孩子们授课，也就是办了个私塾。这样一来，皇甫绩和表兄弟们都在自家的学堂上学。外公虽然心地善良，但是个家教很严的老人，尤其是对孙辈们。私塾开学的时候，外公就立下规矩，谁要是无故不完成作业，就按照家法重打二十板。

有一天，上午上完课后，皇甫绩和他的几个表兄躲在一个已经废弃的小屋子里下棋。一贪玩，不知不觉就到了下午上课的时间，大家都忘记做老师上午留的作业。第二天，这件事被外公知道了，他把几个孙子叫到书房里，狠狠地训斥了一顿，并按照规矩，每人重打二十板。

外公看皇甫绩年龄最小，平时又很乖巧，再加上没有了父亲，就不忍心打他。于是，把他叫到一边，慈祥地对他说："你还小，这次我就不罚你了。但是，以后不能再犯这样的错误。不做功课，不学好本领，将来怎么能成大事？"

皇甫绩平时和表兄们相处得很好，小哥哥们都很爱护他。他们看到皇甫绩没有被罚，心里都很高兴。可是，皇甫绩心里很难过，他想：我和哥哥们犯了一样的错误，耽误了功课。外公没有责罚我，这是心疼我。可是，我不能放纵自己，应该按照先前所定的规矩，重打二十板。

于是，皇甫绩就找到表兄们，求他们代外公责打自己二十板。表兄们一听，都扑哧一声笑了出来。皇甫绩一本正经地说："这是私塾里的规矩，我向外公保证过触犯规矩甘愿受罚，不然的话就不遵守诺言。你们都按规矩受罚了，我也不能例外。"表兄们都被皇甫绩这种守规矩、诚心改过的精神感动了，于是拿出戒尺打了皇甫绩二十下。

后来，皇甫绩在朝廷里做了大官。他这种从小养成的信守诺言、勇于承认错误的优秀品质一直没有丢，这使得他在文武百官中也享有很高的声望。

信用是一个人在社会上立足之本。一个人无论是在工作中还是在生活中，都必须重诺守信，别人才会相信他，愿意与之打交道，双方才有可能建立稳定的、长期的联系。一个人在社会中生活和工作，离不开同他人打交道，而想成功做成一件事，更需要他人的支持、帮助。因此，良好的人际关系十分重要，而重诺守信，则是维系人心、增进情谊的重要一环。

无论做什么都要坚持良知

《素书》将人中英豪定义为："行足以为仪表，智足以决嫌疑，信可以使守约，廉可以使分财。"总结起来，人中英豪就是品行正直的人。正如南怀瑾先生在《原本大学微言》中提到的中国历史上的那些英雄和名士，他们重义轻财，一诺千金。

真正的英雄和名士身上都具有某种相同的东西，那就是孟子所说的浩然正气。何为浩然正气呢？其实，就是至大至刚的昂扬正气，是以天下为己任、担当道义、无所畏惧的勇气，是君子立于天地之间、无所偏私的光明磊落之气，这三气构成了浩然正气。这种浩然正气体现了一种伟大的人格精神之美。

古有文天祥拒绝投降，以身殉国，表现出了"富贵不能淫，贫贱不能移，威武不能屈"的傲然品格，正如其诗中所说，"一片丹心照汗青"。浩然正气是人的精神"脊梁"，是抵御歪风邪气的"屏障"。正气长存，则邪气却步，阴霾不侵；正气长存，则清风浩荡，乾坤朗朗。

真英豪懂得事有所为，有所不为，知道什么该做，什么不该做。不该做的，就算是可以带来巨大的利益，也不会去做。

虔诚守护良知的人，让世人敬重，如屈原、孟子、陶渊明、文天祥等，一世英名照汗青；抛掉良知的人，受世人唾骂，如秦桧、严嵩、慈禧、汪精卫等，遗臭万年遭唾弃。

南宋奸臣秦桧以莫须有之罪名害死岳飞，为世代百姓所痛恨。人们在杭州的岳王坟前以铁铸成秦桧夫妇跪像，表达对他们的痛恨之情。

有关这对跪像还有一段在当地百姓中流传的故事。有个姓秦的浙江巡抚，上任后见秦桧夫妇的跪像受辱，感到面上无光，想将铁像搬走。为免激起民愤，他命人在夜间偷偷把铁像搬走，扔进西湖。不料，次日湖水忽然发出恶臭。由于岳王坟前秦桧夫妇的跪像不翼而飞，百姓纷纷要求官府调查。不久，铁像竟然从湖底浮起。百姓将铁像捞起，放回岳王坟前，湖水又清澈如初，臭味消失了。当地人都认为是秦桧夫妇的恶名弄污了西湖，使西湖传出臭味。姓秦的巡抚见此情形，亦无可奈何。此事不了了之。

后来，有秦姓人作诗："人从宋后少名桧，我到坟前愧姓秦。"秦桧就这样因私心、贪欲和残害忠臣而从此遗臭万年，永远被世人所唾弃。

孟子的"如欲平治天下，当今之世，舍我其谁也"，如一股浩然正气奔涌而出，"沛乎塞苍冥"。正是这股浩然正气使孟子不与混乱的现实环境妥协，始终坚持自己的理想和人格，成为顶天立地的大丈夫。

像孟子这样的圣人，并不是不懂得怎样去阿谀苟合，向时代风气妥协，以便获取利益。他是"非不能也"，而不肯为也。坚守自己的良知，宁可为正义穷困受苦，也不愿蝇营狗苟，追求功名富贵。孔子说："富而可求也，虽执鞭之士，吾亦为之；如不可求，从吾所好。"孔子的"求"，并非指不顾原则去努力求取，而是要"取之有道"。孔子认为一个人无论做什么都要坚持良知；如果不能"取之有道"，就不要违背良知刻意求取，而要顺应自己心中对善恶的判断。

人总有一天会走到生命的终点，那时可能钱财散尽，一切都如过眼云烟般散去，能留在世间的只有生前美名。所以，人生追求的应该是一种高尚的思想境界。

处世智慧

圆融的姿态蕴藉方正的人格

王氏在对《素书·正道》的解读中认为，此章想要告诉人们的是如何"守正"。许多人知道处世圆融才能与人和谐相处，却往往忘记圆融的生存姿态要以方正的人格作脊梁，有圆有方才成规矩。

矩能画方，但矩不是方，它不过是利用了自己的优势给方做了规范性的调整，使之形成自己的形状。同理，方正不是具体的做法，而是一种信念、一种信仰，它不会给人们提供具体的规范条款，而是在思想上影响着人们，让人们按照正确的信念追求理想，设计生活。

方正的智慧，就是道德的智慧，就是人们对品德的信仰，以及在这种品德信仰的约束下形成的设计生活的信念。它就像是一支火把，能最大限度地燃烧一个人的潜能，帮助人们向理想前进。

俗话说：没有规矩不成方圆。这里所强调的"规矩"，就是做人和做事的行为准则。它是原则性的东西，既强调"圆"的柔和与变通，也侧重于"方"的棱角和坚持。

"方"是做人的根本，是对人生在道德上的指引，是原则，起着约束私欲的作用。因为，每件事的运作都有其自身的原则，只有按照原则做事，规规矩矩办事，才能使事情正常进行下去，才能使做事的人赢得他人的信任。

晚清红顶商人胡雪岩每做一笔生意，都履行应该遵守的商业规则。因此他的钱庄在当时很受信赖。据说绿营兵军官罗尚德上战场之前在胡雪岩开办的阜康钱庄存了一笔钱，当时胡雪岩要给他开出存折，他坚决不要。因为一来他相信胡雪岩的信誉，二来他怕自己上战场后凶多吉少，要不要存折无所谓。但胡雪岩坚持开出存折，称这道手续不能省略。客户存入款项钱庄必须开出存折，这是照规矩办事。胡雪岩曾与古应春等人合伙卖蚕丝，一下子赚了十万两银子，除去必要的开支外，赚来的银子所剩无几。既然是合伙，胡雪岩仍然坚持分出红利，他说即使自己没有赚到一文钱，红利该分的还是要分。与合作伙伴均分红利，这也是照规矩办事。

正因为胡雪岩照规矩办事，与他打交道的人都信任他，所以胡雪岩的生意越做越大。不按规矩做事的人，在他人眼中往往是不守信用的人。许多人在办事时，由于对对方不了解，不知道对方在做事过程中是否会守约，所以他们开始时大多不太信任对方，尤其是第二次不得不与不守约的人交往时，他们根本不会相信对方的许诺。因此，要想博得他人的信任，一定要按规矩办事，无论发生什么情况，环境发生多大变化，都要尽力做到按规矩办事，否则便会前功尽弃。

良好信誉的建立，与我们能否坚持按规矩办事有着极为密切的联系，只有规规矩矩地按照众所周知，也是大家都遵守的规矩做事，才能使人信服，建立起信誉。不顾章法，不按规矩办事的人，是没有人会相信他的。只有时刻按照规矩做事，我们才能避免很多不必要的麻烦，才可以保证事情很顺利地进行，也就是所谓的"守正出奇"。

从往事中找到行事的准绳

什么样的人可以被称为"才俊"？黄石公认为，才俊是那些懂得用前人的经验指导当下的人。这样的人"才足以鉴古"，拥有洞察未来的清明心眼，即"明足以照下"。

孔子说："温故而知新，可以为师矣。""温故知新"也单指学习。从字面上去解释，就是温习学过的知识，可以得到新的理解和体会，便可以做人家的老师了。更深一步的体会则是，认识了过去，就知道未来，过去就是你的老师。无论过去是成功还是失败，都已经过去了，如果我们忘记过去，无视过去的教训，必将在人生路上走太多的弯路。

一位风尘仆仆的年轻人，从很远的地方来求见住在深山之中

"仙人居"的圣人。这个年轻人进了深山，走了很久，发现前方有三条岔路通向不同的地方，一时不知该如何选择。

他见路旁一个老人在小憩，就走上前去，向老人问路。老人睡眼惺忪地嘟哝了一句"左边"，年轻人便从左边那条小路上山。走了很久，路消失在树林中，年轻人只好原路返回。

回到三岔路口，老人家还在睡觉，年轻人又上前问路，老人家舒舒服服地伸了个懒腰，仍说了一句"左边"。年轻人正要分辨，转念一想，也许老人家是从下山角度来讲的"左边"。于是，他沿着右边的路上山。走了很久，眼前的路又消失了，年轻人只好原路返回。

再次回到三岔路口，他看到老人还在睡觉，便气不打一处来，上前叫醒老人，问："你一大把年纪，为何要骗我？左边的路我走了，右边的路我也走了，都不能通向山顶，到底哪条路能去山顶？"老人家笑眯眯地回答："左边和右边的路都不通，你说哪条路通呢？"年轻人这才明白过来，他沿着中间那条路来到了"仙人居"，发现圣人原来就是三岔路口的那位老人。

年轻人第二次回到三岔路口时，忘记了自己曾经走过左右两条路，仍然向老人问路。他虽然最后到达了山顶，却走了不少的弯路。如果我们铭记过去，吸取过去的教训，或许就可以省却很多的麻烦。

很久以前，有一个老爷爷以卖草帽为生。他每天都要挑着一担草帽，经过一片小树林，然后去城里卖掉草帽。

有一天路过小树林时，老爷爷累了，便放下担子，坐在大树底下休息，打起盹来，不知不觉睡着了。等他醒来时发现身旁箩筐里的帽子都不见了。他抬头一看，树上有很多猴子，每只猴子的头上都有顶草帽。在大树上的猴子们看见老爷爷着急的样子，吱吱叫着，似乎很开心。

老爷爷气坏了，指着猴子们大声说："你们这些坏东西，赶快把草帽还给我，不然我就把你们都捉起来。"猴子们看老爷爷指手画脚地嚷嚷，也在树上挥动着爪子叫起来，却不肯把草帽还给他。老爷爷急得一边晃拳头，一边跺脚："你们到底还不还我的草帽？再不还给我，我就把你们抓住关起来！"猴子们也学老爷爷的样子，晃着前爪，跺着后爪，但就是不把草帽还给他。老爷爷又急又慌，脱下草帽，搔起了脑袋；猴子们也学老爷爷的样子，脱下草帽，搔起脑袋来。

老爷爷看见猴子又在学他的样子，就把手里的草帽使劲往地上一摔，叹了口气说："唉！真把我气死了！真把我气死了！"猴子们见了，也学老爷爷的样子，从树上把草帽使劲摔下来。老爷爷赶忙把地上的草帽逐一捡起来，装到箩筐里，然后挑起担子，进城去了。

很多年以后，孙子接过了爷爷的班。

有一天，在去城里卖草帽的途中，孙子也跟爷爷一样在树林里睡着了，结果帽子也被猴子拿走了。孙子想到了爷爷讲的故事，于是拍拍手，猴子也学着拍拍前爪。看到爷爷说的方法果然很有用，于是孙子也摘下草帽丢在地上。可是奇怪，猴子们竟然没有跟着他做，还一个个瞪着他。

一个个头最大的猴子从树上跳了下来，把孙子丢在地上的草帽捡起来，戴在头上，爬到树上去了。孙子纳闷地想："原来猴子也有爷爷啊！"

猴子与人，都已经到了孙子辈，但聪明的猴子吸取了它们的爷爷的教训，没再犯过去的错误。

杜牧的《阿房宫赋》中"秦人不暇自哀，而后人哀之；后人哀之而不鉴之，亦使后人复哀后人也"的话，道出了"前事不忘，后事之师"的道理。唐太宗李世民说："以铜为镜，可以正衣冠；以古为镜，可以知兴替；以人为镜，可以知得失。"以过去的历史为鉴可以找到当前行事的准绳，记住过去的失败可以规避当前类似的事情发生，从而好好规划未来的方向。

质朴的诚信闪耀着深邃的心灵之光

诚信是一个人立身处世的根本，体现了对他人的尊重；更重要的是，它是维系这个世界运行的基本机制之一。在与他人交往的过程中，如果你想得到对方的信赖，最好的办法就是以诚信打动对方，而非以武力征服对方。

讲信用，守信义，是中华民族的传统美德，中国人历来对此推崇备至，所以黄石公才将"信可以使守约"作为"人豪"的标准。

钟子期因病垂死之际，年迈的父母守在他的病榻旁，钟子期因无法尽孝而深感愧对父母。他再三请求父母将其葬于离家数十里的江边，原来这是为了信守与好友伯牙之间的约定。去年中秋，二人因琴声相识，一见如故，临别时约定，次年中秋二人在江边相聚。

伯牙算好了日子，收拾行装起程。一路行来，陆路转水路，正好在中秋节夜里来到去年停船遇见钟子期的江边。

伯牙站立船头四处张望，可是等了很久也没有看见钟子期的身影。伯牙认为挚友不会无缘无故地爽约，便起身往钟子期家的方向走去。走出十余里，迎面遇到一龙钟老者，攀谈中得知他就是钟子期的父亲。老人满脸泪水，哽咽着说："你来的路上，离江边不远的新坟，就是他的。他说在那里等你！"伯牙跟随钟父来到新坟前，放声痛哭。他将琴取出，盘膝坐在坟前挥泪抚琴。一曲弹完，他双手举琴向地上用力摔去，以琴谢知音。钟子期死后，伯牙认为世上已无知音，便终生不再抚琴。

伯牙、钟子期二人彼此以诚相待、重诺守信的故事千古流传，影响了一代又一代人。其实，商业社会的今天，诚信更为重要。因此，人们寻找可靠诚信的伙伴合作，以求互惠互利。

面对诱惑，不为其怦然心动，不为其所惑，虽平淡如行云，质朴如流水，却让人领略到山高水长。诚信是一种闪光的品格。在诚信问题突显的今天，提倡和保持诚信尤为重要，实际上卓越的声誉往往建立在诚信之上。

早年，喜马拉雅山南麓很少有外国人涉足。后来，许多日本人到这里观光旅游，据说是源于当地一位少年的诚信。一天，几位日本摄影师请当地一位少年代买啤酒，这位少年为之走了三个多小时山路。第二天，那位少年又自告奋勇地再替他们买啤酒。这次摄影师们给了他很多钱，但直到第三天下午那位少年还没回来。于是，摄影师们议论纷纷，都认为那位少年把钱骗走了。第三天夜里，那位少年却敲开了摄影师住的人家的门。原来，起先他只购得四瓶啤酒。为了多买几瓶啤酒，他翻过了一座山，蹚过一条河才又购得六瓶啤酒，没想到返回时摔坏了三瓶。他哭着拿出没摔坏的几瓶啤酒，向摄影师交回剩余的钱，在场的人无不动容。

这个故事使许多外国人深受感动。后来，到这儿旅游的游客就越来越多了……

管理智慧

领导者的威信来源于高尚的品德

《素书·正道》所举人俊、人豪、人杰无不以天道、德行、仁爱、正义、礼制为为人处事的核心。他们之所以能善政为民，威威声伏远，正是以道德力量服人的结果。孟子曾说："闻伯夷之风者，顽夫廉，懦夫有立志；闻柳下惠之风者，薄夫敦，鄙夫宽。"就是说，听闻伯夷的高洁品行，贪鄙之徒也会清廉起来，懦弱之辈也会有独立不屈的意志；听闻柳下惠坐怀不乱的事迹，刻薄者也会厚道，胸襟狭小者也会宽大。可见，古人对"风格"所染、教化必"善"的问题也早有察觉并做出了科学的总结，甚至把"善教"强调到超过"善政"的程度。

1. 以德御人

唯有领导者先深明大义，才能使下属受到教诲。孟子说："贤者以其昭昭使人昭昭，今以其昏昏使人昭昭。"孟子严厉批评了当时某些假贤者的荒谬行为：他们还弄不明白事理，却想使别人明白事理。孟子的这一观点对领导者极为重要，因为下属除受其群体环境的道德影响外，主要就是受其领导者思想的熏染。因此，领导者要注意自身的道德修养，特别要时刻注意自己的一言一行，绝对不可成为下属模仿的不道德样本。优秀的领导者往往是下属仰慕的道德楷模。

领导者的威信来源于高尚的品德。德是为政之本。领导者具有高尚的品德，下属就会对他产生敬爱之心，就会打心眼里拥护他，自觉地跟他走，他在下属中就有较高的威信。人们常说的"德高望重"，就是这个意思。中国古语"德不孤，必有邻""道德不厚者不可以使民"……都委婉地告诉人们，领导者的威信来源于高尚的品德。日本的经营之神、著名企业家松下幸之助说过，一位经营者不是万能的，但应是一位品德高尚的人，因为后者往往更能吸引人才。

2. 品德的力量

卓越的领导者品德高尚，心智成熟，意志坚韧，豁达明理，令人尊敬爱戴，有很强的凝聚力。其人格魅力像磁石般，使下属聚集在他周围，团结一心，勇敢面对挑战。考察历史上的众多杰出人物，人们能罗列出他们具有以下这些相同或相似的品行。

（1）不断挑战自我。他们从不满足于现状，总想超越。他们是主动性很强的人，总在尽力获得成功。

（2）有责任感。他们从来不怕承担责任，并永远不推卸所应负的责任。

（3）工作能力强。他们总是愿意为取得成功而付出必要的代价——长时间的、艰苦的工作。

（4）有良好的人际关系。他们积极与他人沟通，研究他人的个性，分析他人的需求并努力帮助他人解决问题。努力发现他人的需求、兴趣和能力，是出色的领导者的主要特点。

（5）有富于感染力的激情。没有人愿意追随一个死气沉沉的领导者，所以他们多半具有优秀的口才和乐观的天性。

（6）有高度的正义感。他们对人对事都公平公正，诚实守信，不会因为一己之私而失去道义。

靠不住的人很少能成功地担负领导工作。想要成为出色的领导者，必须公正地对待下属，而不会以权谋私，按交情亲疏来管理下属。换句话说，不能任人唯亲。下属愿意为这样的领导者工作，因为他们可以相信这位领导者会明确地表明自己的意图，对问题不采取骑墙态度，为摆脱尴尬局面不会反复地折腾，不说模棱两可的话。

因此，领导者应该做到开诚布公，以自己高尚的品德力量来凝聚人心，打造高效团队。如果领导者能够做到这些，那么他的下属必会安心工作，团队内部充满热情，洋溢着和谐向上的气氛。

3. 以德为引

教化下属树立良好的思想道德观，不仅领导者自身的道德修养要过关，而且在日常工作中还要教戒为先。

（1）一个组织有多项事业，一项事业有多种工作。事之不同，但品德作风的要求是相同的。比如不能因为某下属从事推销工作就允许他破坏道德法则，请客送礼和搞"回扣"。因此，领导者必须在布置每一项较大的工作项目时，除提出项目完成标准，还不可忘记同时重申品德作风要求，以进行必要的品德作风教育。

（2）挑选人才，合理使用，这是领导者取得事业成功的重要步骤。虽然"任用其长，不计其短"，可是某些"短处"也不可忽视，因为有的"短"可能对其"长"的发挥产生极大的影响。因此，领导者对下属的短处、缺点进行"刮垢磨光"十分必要，而"刮垢磨光"正是"教戒为先"的目的所在。

（3）领导者确认自己的事业是正义的、合理的、合法的，就应在事前将其正义之道宣之于众，以激发下属的正义感，唤起下属的道德情感，使之理直气壮地进取，放心大胆地工作。而如果奉行"民可使由之，不可使知之"的愚民政策，最终也必为"民"所愚，事业为"民"所败。因为下属不知其可，何以奋斗努力？从这点意义上来说，教戒为先，则更为重要。

做一个清醒的"审判官"

身为领导者必须在是非面前保持清醒的头脑，做到黄石公所说"智足以决嫌疑"。用大智慧做出判断，以防做出让自己后悔的决定，才能够避免混乱产生。

武则天当政时期，曾下旨禁止天下屠杀动物和捕捞鱼虾，弄得王公大臣宴请宾客只能吃素席，不敢带有一点儿荤腥。

朝中有个叫张德的人，官为右拾遗，一贯受到武则天的信任。人到中年，他喜获一子，于是在他儿子出生后的第三天，亲友、同僚纷纷前去祝贺。张德觉得席上都是素菜实在过意不去，便偷偷地派人杀了一只羊，做了一些带肉的菜，并包了一些羊肉包子让大家吃。也许是这些亲朋好友与同僚好久没有尝到荤腥了，他们见席上有肉，便来了兴致，喝酒行令，好不热闹。三个时辰过去了，大家酒足饭饱，各自回去。张德心中自然也十分高兴。不料，在他的同僚中有个补阙叫杜肃，见席上有肉，认为张德违反了皇帝的旨意，便心生恶意。临散席时，他悄悄将两个肉包子揣在怀中，散席之后，便去武则天那里告了黑状。

第二天早朝，武则天处理完政事之后，突然对右拾遗张德说："听说你生了个儿子，我特向你表示祝贺。"张德叩头拜谢。武则天又说："你那席上的肉是从哪里来的？"张德一听，吓得浑身哆嗦。他知道违旨杀生是犯死罪的，故连连否认道："为臣不敢！为臣不敢！"武则天见状，微微笑道："你说不敢，看看这是什么？"说着，便命人将杜肃写的密告奏章和两个肉包子递给了张德。张德一见，面如蜡纸，不住地叩头说："臣下该死！臣下该死！"此时，告状的杜肃，站在一旁扬扬得意，专等封赏。武则天对这一切，早已看在眼中，稍稍一停，对张德说："张德听旨：朕于旨禁屠宰，红白喜事皆不准腥荤。今念你忠心耿耿，又是初犯，也就不治你罪了。"张德听后高声喊道："谢主隆恩！谢主隆恩！"而杜肃却惊得瞪大了眼睛。

只听武则天又道："不过，张德你要接受教训，今后如再请客，可要选择好客人，像杜肃这种好告黑状的人，可不要再请了！"一时间，张德感激得痛哭失声，诸大臣见武则天如此忠奸分明，不信谗言，用人不疑，便一起跪倒在地，高呼："吾皇万岁！万岁！万万岁！"而那个告状的杜肃，在众人不屑的目光下，羞愧得无地自容，武则天"退朝"二字刚一落音，便赶紧溜走了。

杜肃向武皇告状，本是为了显示自己对主子的忠诚，维护武则天的威严，按理应得到封赏；张德违旨杀生，按理应当处以死罪。这本是铁板钉钉的事实。可当二人静声屏息等待宣判的那一刻，谁知武则天却做出了出乎意料的判决：告状者遭到痛斥，违旨杀生者得宽恕免死；一个被弄得灰溜溜的，一个被感动得痛哭流涕。于是，一位忠奸分明、不信谗言、智慧超群的君王的高大形象便在众人心目中牢固地树立起来。

见微知著，从细微处考察人才

《孙子兵法》中列举了带兵打仗要注意的六种地形，何处该避，何处宜攻，具体地做了分析。最后，孙子总结道："地之道也，将之至任，不可不察也。"行军作战尚且要处处留心地形的变化，管理者对人员的取舍更要关注人员的特点。我国早在汉代就实行"（刺史）六条问事"考察官吏制度，用以监督和考察百官的政绩与行为，并把它立为百代不易的良法。考察官员必须重视从细微处考察，因为见微可知著。这就要求领导者宜"明"。"明足以照下"，领导者才能在考察下属时不致出现失误。

汉初平定七国之乱时，周亚夫立下了赫赫战功，官至丞相，为汉景帝进言献策，是汉景帝的股肱之臣。但汉景帝在为太子将来登基选择辅政大臣时，却没有选他。

这是为什么呢？原来在汉景帝确定辅政大臣前，曾经发生了这样一件事。一天，汉景帝宴请周亚夫，给他准备了一大块肉，但是没有切开，也没给他准备筷子。周亚夫看了，很不高兴，就回头向主管筵席的内侍要筷子。汉景帝笑着说："丞相，我给你这么大一块肉你还不满足吗？还要筷子，真是讲究啊。"周亚夫一听，赶紧跪下向皇帝谢罪。汉景帝说："既然丞相不习惯这样吃，那就算了。起来吧，今天的宴席就到此。"周亚夫听了只好退下，走出宫门。周亚夫离开之后，汉景帝说："看他闷闷不乐的样子，实在不是辅佐太子的良臣啊！"

太子年轻气盛，万一有什么做得过分的地方，只有具有长者风范的大臣，才能包容这些过失。因此辅佐太子的大臣，一定要稳重平和，任劳任怨，不能过于娇气矫情。从周亚夫的表现来看，连汉景帝对他的不礼貌举动，他都不能忍受，又怎么能包容太子的过失呢？汉景帝希望看到的是他二话不说，把赏赐的肉吃下去。一个臣子安守本分才是可贵的。他要筷子的举动，在汉景帝看来就是非分的做法。那么到辅佐少主的时候，他会不会有更多非分的要求呢？汉景帝不能不防，所以汉景帝果断地放弃了周亚夫。

可能有的人会认为，因为这样一件小事而决定将来的辅政重臣，未免有点小题大做。其实不然。错误没有大小之分。我们来看一个粗心员工的故事。

广州一家家电制造公司曾发生一起管理"事故"。车间有一台机器出了故障，经过技术科的工作人员检查，发现一个配套的螺丝钉掉了，怎么找也找不到，于是只好去重新买。可根据公司内部规定，必须先由技术工作人员填写采购申请，然后由上级审批，之后再经过采购部部长审批，才能由采购员去采购。

可问题出现了。市内好几家五金商店都没有那种螺钉，采购员又跑了几家五金制品大卖场，还是没有买到。几天很快就过去了，采购员还在寻找那种螺钉。可是，工厂因为机器不能运转而停产了。这还得了？于是，公司的其他管理者不得不介入此事，认真打听事故的前因后果，并且想方设法地寻找修复的方法。

在这种"全体总动员"的情况下，技术科才拿出机器生产商的电话号码。于是，采购员就打电话问哪里卖那种螺丝钉。对方却告诉他："你们那个城市就有我们的分公司啊。你去某某地看看，肯定有。"

半个小时后，那家分公司主动派人上门送来了螺丝钉。问题突然解决得如此快。可是先前寻找哪里有这种螺丝钉竟然花了一个星期的时间，而这一个星期使公司损失了上百万元。

很快，工厂恢复了正常的生产运营。在当月的总结大会上，采购科长将这件事情重新提了出来。他说："从这次事故中，我们看出，公司某些工作人员的责任心不强。从技术科提交采购申请，再经过各级审批，到最后采购员采购，这一切都没有错误，都符合公司规定。可是，这件事却造成这么重大的损失，问题在哪里？竟然是因为技术科的工作人员没有写上机器生产商的联系方式，而其他各部门竟然也没有人过问。"

一个粗心大意的员工漏掉一个电话号码，就可能让整个工厂的生产瘫痪。这样"身价百万"的员工，恐怕是谁都请不起的。一个人一时疏忽会给团队带来的"杀伤力"如此之大，不禁让领导者在用人方面要慎之又慎。因此，领导者要学会见微知著，从细节处考察人才，方能防患于未然。

第三章 求人之志

注曰：志不可以妄求。

王氏曰：求者，访问推求；志者，人之心志。此章之内，谓明贤人必求其志，量材受职，立纲纪、法度、道理。

现代解读：想要获得成功的人必须谨记："有志者，事竟成，破釜沉舟，百二秦关终属楚；苦心人，天不负，卧薪尝胆，三千越甲可吞吴。"我们需要提升生存的智慧，思考成功，追求卓越，为人生的意义、人生的价值、人生的幸福等问题交出较满意的答卷。不甘平庸，崇尚奋斗，正是人生之歌的主旋律。

【原文】

绝嗜禁欲，所以除累。抑非损恶，所以禳（ráng）过。贬酒阙色，所以无污。避嫌远疑，所以不误。博学切问，所以广知。高行微言，所以修身。

恭俭谦约，所以自守。深计远虑，所以不穷。亲仁友直，所以扶颠。近恕笃行，所以接人。任材使能，所以济务。弹（tán）恶斥谗，所以止乱。

推古验今，所以不惑。先揆（kuí）后度，所以应卒。设变致权，所以解结。括囊顺会，所以无咎。橛（jué）橛梗梗，所以立功。孜孜淑淑，所以保终。

【译文】

杜绝不良嗜好，禁止非分妄想，可以免除不少烦恼和牵累。抑制非法行为，减少邪恶行径，可以避免不少罪过和祸患。不沉迷于酒色，可以保持身心纯洁无污。远离是非嫌疑，可以免除误会和冤枉。广学多闻，不耻下问，可以扩大自己的知识面。行为高尚，言语谨慎，可以平心静气，修身养性。

做人处事恭敬、勤俭、谦逊、节约，这样才能修身自省，守住家业。深谋远虑，才不至于陷入难解的困境中。亲近仁义之士，结交正人君子，这样才能在患难时得到帮扶，摆脱衰败。与敦厚纯良、中正无私的人交往，这样才能接引后人，止恶行善。任用德才兼备之人，这样才能成就大事业。憎恨奸恶之徒，排斥馋妄小人，可以防止社会动乱，维持太平盛世。

以古人之兴衰成败为鉴，体察当世，便能减少迷惘和困惑。事先揣测度量，做到心中有数，便能审时度势，随机应变，处理突发之事。设想各种变化情况，加以权衡谋划，能灵活解决各种复杂矛盾。谨言慎行，顺应大局，这样才能远离纠纷，免遭祸患。坚贞不屈，刚正不阿，这样才能建立功勋。勤勉不怠，温雅贤良，这样才能善始善终。

为人智慧

所有负累都是对欲望的牵挂

明代的《解人颐》一书中，有一篇很有哲学意味的诗："终日奔波只为饥，方才一饱便思衣。衣食两般皆俱足，又想娇容美貌妻。娶得美妻生下子，恨无田地少根基。买到田园多广阔，出入无船少马骑。槽头扣了骡和马，叹无官职被人欺。县丞主簿还嫌小，又要朝中挂紫衣。做了皇帝求仙术，更想登天跨鹤飞。若要世人心里足，除是南柯一梦兮。"这首诗一针见血地道出了贪欲之人无穷无尽的欲望。

当下的社会是一个科技发达、物质丰富的社会，有的人心中的欲望常被挑逗得像是看见红色斗篷的斗牛。他人暴富的经历，让有的人血脉贲张，跃跃欲试；时尚名牌漫天飞，哪能心如止水；美女香车招摇过，一些人的心早已蠢蠢欲动，更不能忍受别墅洋房的诱惑……因此，许多时候有的人会被世上的名利、金钱、物质所迷惑，心中只想得到，只想将其统统归于己有，而舍不得放下。于是，心中就充满了矛盾、忧愁、不安，心里就会承受很大的压力，以致活得很累。正如黄石公的劝诫："绝嗜禁欲，所以除累。"也正如冯友兰先生所说："与其设种种方法以满足欲，不如在根本上寡欲。欲愈寡即愈易满足，而人亦愈受其利。寡欲之法，在于减少欲之对象。"

冯友兰先生一生以哲学研究为其奋斗的方向，渴望在学术方面有所建树。他想办一所很好的大学，他想在学术的道路上不断前行。然而，能力越大，事情就越多，他总是会被委以重职，出任行政工作。他的心中有时也会兴起功利之心，有时也有当官管人的虚荣心，但他始终以理性控制自己的欲望，专心从事哲学研究和教学工作。于是，他一次次地辞去了行政工作，让自己的生活回归学术研究。

其实，人生当中很多时候都会出现类似的问题，因为想要的太多，而使身上背上沉重的担子。面对这种情况，解决的办法只有一个，给人生减负，将那些多余的"欲"扔掉。

相传有一天，苏格拉底带他的学生们到一个山洞里，打开了一个神秘的仓库。这个仓库里装满了放射着奇光异彩的宝贝。仔细一看，每件宝贝上都刻着清晰可辨的字，分别是：骄傲、嫉妒、痛苦、烦恼、谦虚、正直、快乐……这些宝贝是那么漂亮，那么迷人。这时，苏格拉底说话了："孩子们，这些宝贝都是我积攒多年的，你们如果喜欢的话，就拿去吧！"

学生们见一件爱一件，抓起来就往口袋里装。可是，在回家的路上他们才发现，装满宝贝的口袋那么沉重，没走多远，他们便感到气喘吁吁，两腿发软，再也无法挪动一步。苏格拉底又开口了："孩子们，还是丢掉一些宝贝吧，后面的路还很长呢！""骄傲"丢掉了，"痛苦"丢掉了，"烦恼"也丢掉了……口袋的重量虽然减轻了不少，但学生们还是感到很沉重，双腿依然像灌了铅似的。

"孩子们，把你们的口袋再翻一翻，看看还有什么可以扔掉一些。"苏格拉底再次劝那些孩子。学生们终于把最沉重的"名"和"利"也翻出来扔掉了，口袋里只剩下了"谦逊""正直"和"快乐"……一下子，他们有一种说不出的轻松和快乐。

一个人的生活需求十分有限，许多附加的东西只是徒增无谓的负担而已。那些不断增加的物品、工作、责任、人际、家务占据了人们几乎全部的空间和时间。许多人每天只是忙着应付这些，就已喘不过气来，甚至连吃饭、喝水、睡觉的时间都没有了。这就是拼命"加负"的结果：生活失调、精神濒临崩溃。

不妨用"减负"的心态行走在人生的旅途上，扔掉不必要的欲望，轻装上阵，让生活回归最纯粹的样子，人生会多一分从容，多一些达观。

在学习中不断更新自己的知识

对每个人来说，学习没有尽头，因此"学海无涯"是一个很贴切的比喻。要做到"广知"，需要不断学习，"博学切问"，这样才能够扩展知识面。

胡适曾经说："做学问应该像北京大学的季羡林那样。"季老总是马不停蹄地在学问的路上奔走，从不肯让自己停歇下来。对季老而言，学习没有时间、地点和年龄的限制。他从年幼之时进入学堂，到耄耋之年仍然笔耕不辍，学习成为他每天都要做的事，就像吃饭睡觉一样平常。季老一直推崇终生学习制，就像他在一篇文章中说的那样，他想做的是一个"永恒的大学生"。

"我的大学生活是比较漫长的：在中国念了四年，在德国哥廷根大学又念了五年才获得学位。在哥廷根大学，我简直如鱼得水，到现在已经坚持学习了将近六十年。如果马克思不急于召唤我的话，我还要继续学下去。"

季老不会因为不在学校，没有老师在身边就不想学习；也没因为自己已是一位八九十岁的老者，就觉得自己才高八斗，学富五车了。相反，随着年龄的增长，他觉得不惑更多，感叹"老马不识途"，迫切地希望获得更多知识，给自己注射新的血液，学习的积极性也就越发强了起来。

在学习中不断更新知识，在生命的延展中不断焕发希望和蓬勃之气，这就是季老虽已年老但依然精神百倍的原因之一。这不仅是一种学习行为，更是一种斗志和顽强生命力的体现。

苏洵是宋代的文学大家，在中国文学史上享有盛名。他自言少年时不爱学习，到了二十五岁才开始知道认真读书。二十五岁开始，他用功读书，写的文章也不错，于是他自认为已经学得差不多了，但当无意中读到谢安写的一篇让人爱惜时间、刻苦攻读的文章时，他才知什么叫作好文章。他不由得发出感慨：时光无情地飞逝，我已经到了而立之年，虽然写过一些文章，但都是些平庸之作，没有什么大的建树。现在不努力，还要等到什么时候呢？

此后苏洵更加刻苦学习，钻研学问。这样又过了两年，他觉得自己在学业上有了很大长进，便去参加科举考试，但两次都落榜了。他觉得古人的"出言用意"都比自己强很多，于是将《论语》《孟子》以及韩愈写的文章作为范本，终日诵读，读了七八年，越发觉得古代这些文章确实好。

一天，苏洵的书房内冒出黑烟，家人以为发生了火灾，赶紧奔向书房。家人进去一看，只见苏洵把一沓沓的文稿往火炉里送。家人一问才明白，原来苏洵要把自己过去写的文章当成废纸全部焚烧，决心从头开始。从此，苏洵闭门谢客，专心研读前人所写的作品。这样废寝忘食地用功了五六年，他在著述方面果然取得了很大进步，下笔如有神。

做学问从来不可浅尝辄止。学无止境，知无涯，学习正如逆水行舟一样，不进则退。因此，我们应当持有终生学习的信念。自古有大学问者，贵在勤勉和持之以恒学习。如果取得一点儿成绩就沾沾自喜，满足现状，那么再聪明的人也会有江郎才尽的那一天。

除了"博学"之外，"切问"也是学习的重要态度。陶渊明的《五柳先生传》中说："好读书，不求甚解；每有会意，便欣然忘食。"他称读书只求领会要旨，不刻意在字句上下功夫，由此"好读书，不求甚解"的话便流传下来。但不知道从什么时候开始，"好读书，不求甚解"具有了贬义色彩，今人强调"好读书"的同时要"求甚解"。

季羡林先生在谈对古书文字考证的时候曾经说过，考证的工拙精粗，完全取决于一个人的学术修养和思想方法。若一个人对文字和语言进行考证时"马大哈"，或者思想呆板，不敢越前人的雷池一步，那么必然做不好考证工作。因此，在考证时一定要求甚解，这是学术道德的问题。

孔子说："吾十有五而志于学，三十而立，四十而不惑，五十而知天命，六十而耳顺，七十而从心所欲，不逾矩。"孔子的一生就是学习的一生，他从十五岁立志学习，直到去世都在孜孜以求，躬耕不辍。为了求学，孔子常常连腹中饥饿都感觉不到，可以说到了废寝忘食的地步。一旦学问上有所获益，孔子会快乐得不能自已，甚至忘记忧愁，也忘记了老之将至。孔子的为学精神是永远年轻的，所以才能"苟日新，日日新，又日新"。只有终生不倦地学习，才能保持进步的状态，不时更新知识。

节俭是做人的智慧

"豪华奢侈绝得不到正常人的尊敬，只能换取马屁摇尾。而对于马屁精的摇尾，用更低廉的价格，照样可以购得。因此之故，任何情形下，节俭都是美德，不但能保持心灵，还能保护老命。"这段话里柏杨先生所说的节俭可以"保护老命"，虽未免有点吓人，却不无道理。在如今到处充斥着名牌奢侈品的社会中，节俭仿佛已经离我们越来越远了，它宛如一个古董，只供人们在特定的时间与场合中参观和品评。但节俭这一美德自古以来就为圣贤所倡导，《素书》中所言"恭俭谦约，所以自守"讲的就是勤俭节约是完善品德、保持操守的必要条件。

老子说："我有三宝，持而保之：一曰慈，二曰俭，三曰不敢为天下先。"意思是："我有三件法宝：第一件是慈爱，第二件是节俭，第三件是不敢处在众人之先。"其中"节俭"是老子的"三宝"之一。

综观历史，我们会发现很多贤达的君王都是提倡节俭的人。比如，历史上著名的汉文帝，一生节俭，从不铺张浪费。正是从他开始缔造"文景之治"，并为后来汉武盛世奠定了基础。因此，历史上有"德莫高于汉文"这样的评价。

除了汉文帝，我国古代还有一些帝王非常重视节俭，并且以身作则，昭示天下。唐太宗李世民开创了"贞观之治"的太平盛世，使中国成为当时世界上最富强的国家，但他也是我国历史上少有的既能打天下又能治天下的明君。

唐太宗非常注重节俭，深知物力维艰。通常新建立王朝的君王都会大兴土木修建宫殿，以显示自己的威严。但唐太宗认为这样会劳民伤财，所以他一改以往新君登基后大兴土木的风习，仍然住在隋朝的旧宫殿里面。在他的带领下，朝廷上下逐渐形成了崇尚节俭的风气，并出现了一大批以节俭闻名的大臣。

唐太宗常常对臣下说："人君依靠国家，国家依靠百姓。剥削百姓来奉养人君，就像割自己身上的肉来食用。肚子虽然饱了，但身子也就毁了；人君虽然富了，但国家也就亡了。所以，人君的灾祸不是来自外面，而是由他自己造成的。我常想这个道理，所以不敢奢侈纵欲。"

唐太宗还经常教育太子李治要奉行节俭。比如，在吃饭时太宗会告诫说："你知道了耕种的艰难，就会常常有饭吃。"在骑马时唐太宗又说："你体会到马的劳累，不一次耗尽它的体力，就能经常有马骑。"

其实节俭并不复杂，所需的只是随手关紧水龙头的细心、转身关掉灯的小节，一点一滴之中节俭的美德便养成了。

弘一法师李叔同一生都很节俭，甚至到了衣食用度粗劣的程度。

1924 年，弘一法师到普陀山居住七天。每天早上他仅仅喝一大碗稀饭，甚至连菜都没有，其原因是他吃习惯了三十多年的白粥。中午他也仅仅吃一碗米饭和一碗大众菜。他每次吃完饭都会用舌头将碗舔一遍，将食物吃得干干净净，然后把开水倒入碗中，再喝掉，唯恐有剩余的饭粒造成浪费。

他不仅对自己要求严格，而且对别人也多加劝诫。如果他看见客人吃完饭后碗中还有剩余的饭粒，那么他便会特别生气地训斥道："你有多么大的福气，竟然如此糟蹋？"不仅如此，如果有客人将冷茶倒掉，他也同样会加以劝诫。

有的人已经过惯了舒适的好日子，或许早已忘记了"由俭入奢易，由奢入俭难"的道理，又或许记得却已无法做到在那种苦日子里的勤俭节约了。但多数人无法保证自己能永远享有荣华富贵，因此养成节俭的好习惯是非常重要的。无论是好日子还是苦日子，都要把节俭进行到底，细心地品味这一食不完的道德美筵。

追求有品质的人生无可厚非，但是品质生活并不一定体现在物质层面，它还蕴含着丰富的精神生活，否则越是奢侈就越会显得没有品位。一个需要用浑身的金银财宝来彰显自己财富的人，从头到脚无不凸显了他的庸俗。其实，人生在世完全没有必要搞得那么"隆重"，拥有一颗简单的心，简简单单地生活，这样才容易获得幸福与快乐。

处世智慧

朋友的样子是你品性的写照

《素书》中提到"近恕"。"恕"指中正无私之人，因此"近恕"指与中正无私之人交友。黄石公在讨论了"亲仁友直"之后，再次强调了"近恕"的重要性，可见交友是一件慎而又慎之事。因为有时决定一个人身份和地位的并不完全是他的才能和价值，而是他与什么样的人在一起。古时孟母三迁，为的是避免年幼的孟子不知不觉沾染邻居的恶习。俗话说"近朱者赤，近墨者黑"，与品行端的人长期在一起就会受到好的影响，相反，与品行差的人长期在一起则会受到不好的影响。和某种人相处久了，慢慢就会和他在言行举止方面有些相像。和成功的人在一起，你慢慢会在言谈举止、行为处世方面学到他的一些方法；和开心的人在一起，你会逐渐变得开心；和有魅力的人在一起，你会不知不觉增加魅力；和运气好的人在一起，你好像运气变得不错；和一群消极的人在一起，你每天听到的都是消极的话，就会同样变得消极。原因是，人与人之间通过意识、潜意识、生物场等途径不断地交换信息。你所接触的环境决定了你的思想格局，你的思想言行都是你所在环境的各种反映。你所接触的人事，对你施加各种复杂的影响，而这些影响便会在实际生活中发挥着作用：接触正面的影响，便会在你生活中发挥正面作用；接触负面的影响，便会对你的生活发挥负面作用。

下面是一位百万富翁请教一位千万富翁的对话，通过这组对话我们能知道和成功人士在一起的重要作用。

"为什么你能成为千万富翁，而我却只能成为百万富翁，难道我还不够努力吗？"一位百万富翁向一位千万富翁请教。

"你平时和什么人在一起？"

"和我在一起的全都是百万富翁，他们都很有钱，很有素质……"百万富翁自豪地回答。

"呵呵，我平时都是和千万富翁在一起的，这就是我能成为千万富翁而你却只能成为百万富翁的原因。"千万富翁回答。

由此我们看出，环境会造成人与人之间的差距。也就是说，交往的朋友不一样，便会受到不一样的影响。古人云"匹夫不可以不慎取友""受益莫如择友""近朱者赤，近墨者黑"，这些古训都说明交友对一个人的思想、品德、学识等会产生深刻的影响。

清代冯班认为朋友的影响比老师还大，因为这种影响是气习相染、潜移默化的，久而久之就不知不觉地受其影响。这就是《孔子家语》说的："与善人居，如入芝兰之室，久而不闻其香，则与之化矣。与不善人居，如入鲍鱼之肆，久而不闻其臭，亦与之化矣。"涉世不深的年轻人，尤应注意谨交游、慎择友。在交友时要有知人之明，不要错把坏人当知己，受骗上当，甚至落入坏人的圈套而无法自拔。

交友有一个选择的过程。开始是结识和初交，在互相了解以后，才由初交成为熟悉的朋友。朋友可以是暂时的，也可能是永久的。从学习、工作的需要出发，本着互惠互利、共同发展的原则，结交一些志同道合的朋友是有益的。如果不仅志同道合，而且感情深厚、心灵相通，这样就能从合作共事的朋友变成生死相依、患难与共的知己。

交什么朋友、怎样交友，这是一个问题的两个方面。人有君子、小人之分，交友也有君子之交和小人之交。君子之交平淡如水，却真诚质朴，没有掺杂私心杂念，能长久；小人之交浓烈甜蜜，但虚假多变，经不起时间的考验。

君子之交以道义相砥、切磋学问、规劝过失为目的，是建立在互相理解、心意相通的基础之上的，故虽平淡如水，但能风雨同舟，生死不渝。小人之交是建立在私利的基础上的，平时甜言蜜语，信誓旦旦，一旦面临利害冲突，就会交疏情绝，反目成仇。

以变应变才能解开死结

从哲学的角度讲，唯一不变的东西是变化本身。我们生活在一个瞬息万变的世界里，应当学会适应变化。在竞争日益激烈的今天，要培养以变应变的能力，勇于面对变化带来的困难，这样才能做到卓越和高效。学会变通地去应对工作中的困难，定能做到无往不胜。那我们如何在这种变化中安身立命呢？黄石公答曰："设变致权，所以解结。"意即变通能够解决很多困难之事。任何事物的发展都不是一条直线的，聪明人能看到直中之曲和曲中之直，并不失时机地把握事物迂回发展的规律，通过迂回应变，达到既定的目标。

汉景帝的庶子长沙王刘发的母亲原是汉景帝妃子的宫女，因为母亲地位低下，刘发得不到汉景帝宠爱，他的封国不仅偏僻狭小，而且土地都很贫瘠。刘发曾多次上书请封，汉景帝均不予理会。

公元前142年，宗室藩王齐集长安为汉景帝祝寿，汉景帝大摆宴席。酒过三巡，皇子们奉召前来为汉景帝歌舞助兴。只见皇子们衣着华丽，光彩耀人。是时，宫中钟鼓齐鸣，皇子们或引颈高歌，或舒袖曼舞，好不热闹。

轮到刘发祝寿了，只见他肥胖的身躯上罩了件小小的绸衫，窄窄的袖口，两只肥手却缩在袖里。刘发应乐起舞，手藏在袖子里一扭一摆，活像鸭子走路。他那笨拙的样子惹得众人笑弯了腰。汉景帝也笑眯了眼，又很奇怪，就喝问道："刘发，为朕贺寿为何如此不敬？"

刘发叩头回答："父皇息怒，儿臣非愿如此，只因儿臣封国地陋狭小，实无回旋余地，不得不这样舞蹈啊。"汉景帝听罢，似有所悟，便下诏书道："增封长沙王刘发武陵、零陵、桂阳三郡。"

可见，换一种表达方式，效果便会截然不同。莫里哀曾说："变通是才智的试金石。"世间万物都在变，没有变化，就会落后，就无法生存。事变我变，人变我变，适者方可生存。成功离不开变通，变是成功人士的重要法则之一。

绕圈的策略，十分讲究迂回的手段，特别是在与强劲的对手交锋时，迂回的手段高明、精到与否，往往是能否在较短的时间内由被动转为主动的关键。我们只有时刻留心身边的变化，才能在与对手交锋中绕暗礁、劈风浪，直挂云帆济沧海，也才能在身处危境时，在无声无息中化险为夷。

郭德成是元末明初人，他性格豁达，十分机敏，且特别喜欢喝酒。在元末动乱的年代里，他和哥哥郭兴一起随朱元璋转战沙场，立下了不少战功。

朱元璋做了明朝开国皇帝后，当初追随他打天下的将领纷纷加官晋爵，待遇优厚，成为朝中达官贵人。而郭德成仅仅做了骁骑舍人这样的小官。

一次，朱元璋召见郭德成，说："德成啊，你的功劳不小，我给你个大官做吧。"郭德成连忙推辞说："感谢皇上对我的厚爱，但是我脑袋瓜不灵，整天不问政事，只知道喝酒，一旦做了大官，那不是害了国家又害了自己吗？"

朱元璋见他坚辞不受，心中十分赞叹，于是将大量好酒和钱财赏给郭德成，还经常邀请郭德成到御花园喝酒。

一次，郭德成兴冲冲赶到御花园陪朱元璋喝酒。眼见花园内景色优美，桌上美酒芳香四溢，他忍不住酒意大发，连声说："好酒，好酒！"随即陪朱元璋痛饮起来。

郭德成脸色渐渐发红，但他依然一杯接一杯喝个不停。眼看时间不早，郭德成烂醉如泥，跟跟跄跄地走到朱元璋面前，弯下身子，低头辞谢，结结巴巴地说："谢谢皇上赏酒！"

朱元璋见他醉态十足，衣冠不整，头发凌乱，笑道："看你头发披散，语无伦次，真是个醉鬼疯汉。"

郭德成摸了摸散乱的头发，脱口而出："皇上，我最恨这乱糟糟的头发，要是剃成光头，那才痛快呢。"

朱元璋一听此话，脸涨得通红，心想这小子竟敢这样大胆地侮辱自己。他正想发怒，看见郭德成仍然傻乎乎地说着，便沉默下来，转而一想：也许是郭德成酒后失言，不妨冷静观察，以后再整治他不迟。想到这里，朱元璋虽然闷闷不乐，还是高抬贵手，让郭德成回了家。

郭德成酒醉醒来，一想到自己在皇上面前失言，恐惧万分，冷汗直流。原来朱元璋少时曾在皇觉寺做和尚，因此他成为皇帝后最忌讳的就是"光""僧"等字眼。因此类字眼获罪的大有人在。郭德成怎么也想不到，自己酒后失言，大胆胡言，竟然戳了皇上的痛处。

郭德成知道朱元璋不会轻易放过自己，以后难免有杀身之祸。他仔细地想着脱身之法：向皇上解释，不行，反而会让皇上更加记恨；不解释，自己已经铸成大错。难道真的要为这事赔上身家性命不成？郭德成左右为难，苦苦地为保全自身寻找妙计。

过了几天，郭德成继续喝酒，装痴卖傻。然后他进寺庙剃光了头，真的做了和尚，整日身披袈裟，念着佛经。

朱元璋看见郭德成真做了和尚，心中的疑虑、恨意全消，还向自己的妃子赞叹说："德成真是个奇男子，原先我以为他讨厌头发是假话，想不到真是个醉鬼和尚。"说完，哈哈大笑起来。

后来，朱元璋猜忌有功之臣，许多大将纷纷被他找借口杀掉了，而郭德成竟保全了性命。

郭德成之所以能在朱元璋的铁腕下保住性命，是因为他能够从小的祸事看到以后事态的发展。他不贪恋官位，随机应变，提前避了祸。

俗话说"人有失足，马有失蹄"，人的一生之中总会有说错话、做错事的时候，有时某些过失可能会给自己带来大祸。如何从祸事中脱身非常重要，而智者善于随机应变，利用现时条件培养避祸的急智，从而使自己处于安全的境地。

懂得迂回之道，兼顾灵活性和原则性

"设变致权，所以解结"所包含的道理也很适用于人际关系的处理。在处理与别人的关系时，要懂得变通之道。如果自己的主张与别人有分歧，要避免与他人发生正面冲突，兼顾灵活性和原则性，既办好了自己的事，又处理好了与他人的关系。

曾国藩是晚清最有实力的大臣。一方面他靠自己的忠心，消除了朝廷的猜忌，敢于向自己放权。另一方面，他尽可能地扩大自己的权势，既使朝廷有所顾忌，又使之不敢对他轻举妄动。但是，清朝毕竟是满洲贵族的天下。为了防止曾国藩离心离德，朝廷在重用曾国藩、胡林翼等人的同时，也安插了湖广总督官文、钦差大臣僧格林沁等满蒙贵族钳制他们。对此，曾国藩心知肚明。为了消除朝廷的疑忌，太平天国刚刚被镇压下去，他就下令裁撤大部分湘军。

同治三年（1864），正当曾国藩分期分批裁撤湘军之际，僧格林沁及其马队被捻军在湖北牵着鼻子走，接连损兵折将。清廷万般无奈，命令曾国藩率军增援湖北。朝廷的这次调遣，对湘军非常不利，所以曾国藩的态度也十分消极。其一，攻陷天京以后，清廷咄咄逼人，大有卸磨杀驴之势，曾国藩不得不避其锋芒，自剪羽翼，以释清廷之忌，为此，曾国藩也满腹愁怨；其二，僧格林沁骄横刚愎、不谙韬略，向来轻视湘军。此时，曾国藩处在十分无奈的两难之中，他只好采取拖延之法。

曾国藩十分清楚，僧格林沁大军在黄淮大地上穷追不舍，失败是注定的，只是早晚的事。因此，曾国藩按兵不动，静坐江宁，观其成败。

果然，高楼寨一战，僧格林沁全军覆没，这位皇亲国戚竟然被一个无名小辈杀死。捻军声势更加浩大，咄咄逼人。朝廷不得不再次请出曾国藩，命他办直隶、河南、山东三省军务，所用三省八旗、绿营及地方文武员弁（biàn）均归其节制。两江总督由江苏巡抚李鸿章署理，为曾国藩指挥的湘军、淮军筹办粮饷。这本是曾国藩预料中事，但当接到再次让他披挂出征、以解倒悬之急的命令时，他却十分惆怅。在瞬息万变的政治生涯中，他很难预料此行的吉凶祸福。因此，他还是采用拖延之法。

当曾国藩接到"赴山东剿捻"的旨令时，他明白清廷的关注点是解燃眉之急，确保京津安全。这是清廷的一厢情愿，而此时曾国藩所面临的出征困难很大。湘军经过裁撤后，曾国藩北上剿捻就不得不仰仗淮军。曾国藩心里很清楚，淮军出自李鸿章门下，要像湘军一样被自己随心所欲指挥，是很难办到的。另外，在匆忙之间难以将大队人马集结起来，而且军饷以及物资供应也不能迅速筹集。

曾国藩做事向来是未雨绸缪，对清廷只顾解燃眉之急的做法，实在难以从命。况且，朝廷处处防范自己，若继续带兵出征，不知还将惹出多少麻烦。因此，他向朝廷上书请求缓行。

尽管曾国藩向清廷一一陈述了不能迅速启程的理由，但又不可能无视捻军步步北进。正在曾国藩左右为难之际，李鸿章派潘鼎新率鼎军十营包括开花炮一营从海上开赴天津，然后转道赴景州、德州，堵住捻军北上之路，以护卫京师。这给曾国藩的出征创造了条件。经过二十几天的拖延后，曾国藩才于六月十八日登舟启行，北上剿捻。

曾国藩赢得了应付事态的时机，也避免了与朝廷的直接冲突，能够在骑虎难下、进退维谷之际，促使或者等待事态朝有利于自己的方向发展，于万难之中做到了游刃有余。在处于左右为难之境时，我们要根据情况，在坚持原则的前提下，灵活变通，求得事情的圆满解决。

管理智慧

谦和是领导者的第一考验

黄石公言："高行微言，所以修身。"意思是行为要高尚，说话要谦和，对领导者而言，具有重要指导意义。身为领导者要接受的第一项考验就是能否谦和处事。"持盈履满，君子兢兢"，做事谦和方能赢得尊重。生活中有很多成功的人，他们成就越高越谦和。他们谦卑，并不是低声下气，而是体现他们的涵养和包容之心。

人有了一定地位，既是好事也是坏事。如果不懂得谦和待人，就无法赢得他人的尊重，结果只能是"高处不胜寒"。任何妄自尊大的人因瞧不起他人，自然也就不被人所尊重。如果你稍有成就，待人要谦和，做事更要低调，千万不要被一时的成功绊住双脚。谦和是一种美德，因此我们在日常生活中要处处表现得谦和有礼。

汉武帝时，卫青因姐姐卫子夫受宠于汉武帝，被任命为大将军，封长平侯，率大兵攻打匈奴。

右将军苏建在与匈奴作战中全军覆没，单身逃回，按军律当斩。卫青问长史、议郎等属官："苏建应当如何处置？"

议郎周霸说："大将军出兵以来，从未斩过一名偏将小校，如今苏建弃军逃回，正可斩苏建的头，来立大将军之威。"

卫青说："我因是皇上的亲戚而带兵出征，并不怕立不起军法的威严，你劝说我杀人立威，就失掉了做臣子的本分。我虽有权斩杀大将，但我把斩杀大将的权力还给皇上，让皇上决定是否斩杀。这样可表示我虽在千里之外，且受皇上宠爱，却不敢专权杀将。这不是更好吗？"

属官们钦佩地说："大将军高见，属下等万万不及。"

于是，卫青派人把苏建押回长安。汉武帝怜惜其才，并未杀他，让他出钱赎罪，且对卫青的处置大为满意。

苏建后来又跟随卫青出征攻打匈奴。他劝卫青说："大将军的地位是至尊至重了，可是天下的贤士名人却没人夸赞传扬您的威名。古时的名将都向朝廷推荐贤良才能之士，自己的名声也传遍四海，希望大将军能学习古时名将的做法。"

卫青摇头说："你只知其一，不知其二。以前，武安侯田蚡、魏其侯窦婴各自招揽宾客，结成朋党，以颂扬自己的名声，皇上对此常常恨得咬牙切齿。亲近贤士名人，进用贤良贬黜不肖，这都是皇上的权柄，我们做臣子的，只知道遵守国法，履行自己的职责而已。"

汉武帝特别宠爱卫青，谕令群臣见到卫青都要行跪拜礼，以显示大将军的尊贵。群臣都不敢抗旨，见到卫青无不匍匐礼拜，只有主爵都尉汲黯见到卫青，依然行平揖礼。有人好意劝汲黯："对大将军行跪拜礼是皇上的意思，您这样做不怕皇上恼怒吗？"

汲黯昂然道："跪拜大将军的多了，多我一个不多，少我一个不少。难道说大将军有一个平礼相交的朋友，就不尊贵了吗？"

卫青听说后，非常高兴，登门拜访汲黯，谦虚地说："久仰大人威名，一直没有机会和大人结交，现在有幸承蒙大人看得起，请把我当作您的朋友吧。"

汲黯见他态度诚恳，不以富贵骄人，便破例地交了这个朋友。卫青以后凡有疑难问题，都虚心向汲黯请教。

汉武帝很欣赏卫青的谦和，因此也就不计较汲黯的抗旨了，对卫青的宠爱一如既往。

领导者除了要虚怀若谷之外，自己的言行举止也必须十分谨慎。古语讲"论言如汗"，指一个人说出的话绝无收回的余地，就像身体流出的汗一样，一旦流出来了，就不可能再回到体内。正因如此，说话办事都应当谨言慎行，对领导者而言，这更是不可或缺的品质。

从前，当周公的儿子伯禽受封为鲁国国王时，周公曾告诫他："我身为宰相，碰到有人来访时，即使是正在进餐也得赶紧中断，尽量不要对客人太失礼。尽管如此，仍然担心有不周到的地方，或是疏忽了优秀的人才。现在，你到鲁国去，虽然身为一国之君，也绝不能有任何骄傲失礼的地方。"

除了周公，唐太宗也是少有的一位谦恭的统治者。

有一次，唐太宗告诉众臣："有人说当了皇帝就能得到最崇高的地位，没有任何畏惧。事实上，我却常怀着畏惧之心，倾听臣下的批评与建议，以谦虚的态度处理政事。倘若因为自己是一国之君，就不肯以谦恭的态度来对待臣下，那么一旦行事偏离正道时，恐怕就再没有能够指正我的人了。……当我想说一句话，做一件事的时候，必定先想一想如此一来是否顺了天意，还要自问有没有违反了臣民的心意。为什么呢？因为天子高高在上，对底下的事一目了然，而臣民们对君王的一举一动十分注意，所以君王不仅要以谦虚的态度待人，更要时时反省自己的一言一行是否顺应天意与人心。"

他旁边的魏徵接着说："古人说'靡不有初，鲜克有终'，意思是有好的开始但很少有好的结束。但愿陛下常怀畏惧之心，畏惧上天及人民，谦虚待下，严格地自我反省。如此一来，吾国必能长保社稷，而无倾覆之虞了。"

谦虚的态度，也是唐太宗受后世景仰的原因之一。唐太宗说过："与人交谈实在是一件十分困难的事情。即使是平民百姓，如果一方交谈时稍微得罪了对方，对方便会因而牢记在心，伺机报复。更何况万乘国君，在和臣下交谈时绝不容许有一点儿失言，因为即使是小小的失言，也有可能导致极严重的后果。这种后果是庶民失言所造成的后果万万不及的，我心中一直牢记着这一点。"他还说："昔日，隋炀帝第一次进入甘泉宫时，对宫中的庭园十分喜欢，但是认为美中不足之处是在庭园中看不到萤火虫。于是，隋炀帝下令捉些萤火虫来代替灯火。负责的官吏赶紧动员数千人去捕捉萤火虫，最后捉了五百车的萤火虫。连这样的一件小事都能演变到这步田地，何况是大事呢？不知道要受到多大的影响呢？一国的帝王又怎能不谨言慎行呢？"

领导者的言行往往具有较大的号召力和影响力，因此不能在处理工作上的事时口出戏言，因为他的每一句话都会对部下产生影响，甚至会影响事情的发展和结局。态度谦虚，言行谨慎，不但是领导者修养的关键环节，也是个人修养的重要方面。

所有事情开始之前需要仔细地谋划

张商英对《素书》"先揆后度，所以应卒"的解读是："执一尺之度，而天下之长短尽在是矣。"可见，做事前的谋划与预见对行事有着重要意义。古人云："谋深，虑远，成之因也。"做人做事，只有深刻认识到谋与虑在成功中的重要地位和作用，谋得深，虑得远，才能拥有成功的人生。

《孙子兵法》也对"先揆后度"十分重视，《计篇》中写道："夫未战而庙算胜者，得算多也；未战而庙算不胜者，得算少也。多算胜少算，而况于无算乎。"此话是讲开战之前就已"庙算"周密，充分估量了有利条件和不利条件，开战之后就往往会取得胜利；开战之前没能进行周密"庙算"，很少分析有利条件和不利条件，开战之后就往往会失败，更何况开战之前无"庙算"呢？以此标准来判断，胜负已见分晓。

战争开始之前需要仔细地谋划，由此类推所有事情开始之前，都需要有全局的观念与考虑，正所谓"运筹策帷幄之中，决胜千里之外"。见识高超、深谋远虑的人，不被眼前的事物所迷惑，能站在更高的高度看问题，能敏锐地察觉到生活中细微的祸端，预先计划好对策，以免祸患降临己身。

宋真宗时，后宫李妃生一子，就是后来的宋仁宗。当时，正得宠的刘皇后无子，宋真宗便命刘皇后认这个孩子为子。这个孩子以为自己是刘皇后亲生的。宫中人畏于刘皇后的威势，没人敢对他说明真相，他对刘皇后也极为孝顺。

宋真宗去世，宋仁宗即位，刘太后垂帘听政，大家更没人敢对宋仁宗讲明真相。李妃身处宋真宗的众多嫔妃中，对宋仁宗不敢流露出与众不同的深情。

后来李妃病死，刘太后想把葬礼办得简单些，以免引起别人的疑心。宰相吕夷简却反对，说：“李妃应该厚葬。”

当时，宋仁宗正在刘太后身边，刘太后吓了一跳。她忙令人把宋仁宗领出去，然后厉声问吕夷简：“李妃不过是先帝的普通嫔妃，为何要厚葬？况且这是宫里的事务，你身为宰相，多什么嘴？”

吕夷简平淡地说：“臣身为宰相，所有事都该管。如果太后为刘氏宗族着想，李妃就应厚葬；如果您不为刘氏宗族着想，臣就无话可说了。”刘太后沉思许久，明白了吕夷简的用心，下旨厚葬了李妃。

吕夷简找到内侍总管罗崇勋，告诉他：“一定要用皇后的礼仪厚葬李妃，丝毫不能有缺。棺木一定要用水银填充，来保持棺材里的尸体像活着一样。”罗崇勋见宰相少有的庄重与严厉，唯唯听命，对丧葬之物丝毫不敢用普通的。

刘太后死后，燕王为了讨好宋仁宗，便告诉宋仁宗：“陛下不是太后所生，而是李妃所生。可怜李妃遭刘氏一族陷害，死于非命。”宋仁宗大惊，忙传讯老宫人。刘太后已死，无人再隐瞒此事，便如实禀告。

宋仁宗知道后，痛不欲生。他在宫中痛哭多日，也不上朝，一想到亲生母亲在世之时，从未享受过一天天伦之乐和自己的孝心，最后竟然不得善终。他越思越痛，亲自下诏宣布他有子不孝的大罪，改封亲生母亲为皇太后，并准备为亲生母亲以太后之礼改葬，待改葬后再查实、清算刘太后一族的罪过。

然而，宫闱秘事本来就是无法查实，也无法说明。刘氏宗族的人知道后惶惶不可终日，无法申辩，只能坐待灭族大祸。大臣们见皇上已激愤到极点，没人敢为刘太后一族说上一句话。

改葬李妃时，宋仁宗抚棺痛哭，却见李妃因有水银保护，面目如生，肌体完好，所用的葬器都严格遵照皇后的礼仪。宋仁宗大喜，哀痛也减少许多，他对左右侍臣说："小人的话真是不能信啊。"改葬完后，宋仁宗不但没追究刘氏一族的罪，反而待之更为优厚。

试想，如果宋仁宗打开母亲的棺木，见到陪葬的器物十分俭薄，宋仁宗痛上加痛，刘氏家族想要保全性命根本不可能。在处理宋仁宗生母葬仪的这件事情上，吕夷简显示出了常人难以企及的深谋远虑。

其实，无论是在生活中还是在工作中，人们把自己的眼光放长远一点儿，才能获得长远的利益。成功属于那些有远见的人。想要有所成就的人，必须学会思考，从长远考虑，才会获得更大的成就和更长远的利益。

将合适的人放在合适的位置上

选用人才，能力固然是首要考虑的，但一个人的能力必须与他的职位相适合，这就是用人中的适合原则。用人不能只看能力大小，更要看其适不适合某一职位。最好能做到人尽其才，既不能大材小用，也不能小材大用，也就是《素书》所谓的"任材使能"。唯有如此，才"所以济物"。三国时期思想家刘劭（shào）也说"人才各有所宜，非独大小之谓也""夫人才不同，能各有异"。每个下属的才能不一样，领导者应该了解每个下属的工作能力、特长，在安排工作的时候，应该将合适的人放在适合他能力和特长的工作岗位上，因材施用。

在唐太宗李世民的用人思想中，能力与职位的匹配问题一直是他关注的重点。他明确提出，要根据实际能力任免、提拔或降职使用，既不允许能力低下者长期混日子，也不容许大材小用、浪费人才。

贞观十一年（637），唐太宗对治书侍御史刘洎（jì）的上书中提到的废除"国戚制"、唯才是用、唯贤是举意见表示赞同并大力推行改革。

刘洎主要针对尚书省发表了意见，他在上书中说："尚书省是个日理万机的机构，是处理国家事务的关键部门。因此，寻求尚书省众官员的人选，授予官职，确实是件有难度的事情。一旦官吏任免出错，被不称职的人占据了，那就会牵一发而动全身。"

他这么说是有原因的。原来，皇帝的诏敕总是被尚书省延误滞留，大量公文堆满在尚书省的案桌上却还不能及时得到处理。为此，刘洎大胆地指出："贞观初年，国家还没有设尚书令、左右仆射等官职时，尚书省的事务非常繁重，比现在多出一倍以上。当时任左右丞的戴胄、魏徵二人都很通晓官吏事务。他们胸怀坦荡，品性刚直，大凡遇到应该弹劾检举之事，不会回避。百官懂得自我约束，朝中弥漫着严肃庄重的气氛，这都是因为用人得当的缘故。到杜正伦任右丞的时候，也比较能勉励下属。而近来国家的一些重要法纪已不能正常执行了。因为功臣和国戚占据着要位，才不符职，而且倚仗着功劳或权势相互倾轧。在职的官员大都不遵循国家的法律准则，虽然有的也想坚持原则，但是一遇到讥谤就害怕得不行。这是尚书省官员效率低下的根源所在。"

改变这一现状的办法，刘洎认为需要选拔众多的优秀人才并授予官职，而且必须非才莫举，精心选任尚书省的左右丞及左右郎中。如果这些重要职位的官员选任真正做到了才职相称，就能消除积弊，国家的法纪就会得到正常实施。

其实，当时唐太宗对尚书省的效率低下也有所耳闻，这份上书句句说到了他的心里。于是，这份上书上奏不久，唐太宗就任命刘洎为尚书省左丞，全力支持他，让他在那里放手工作，清理积弊。

贞观二十年（646）二月，刑部侍郎的职位空着，唐太宗要执政大臣"妙择其人"，执政大臣们提了几个都不能使其满意。后来，唐太宗想起李道裕是一个坚持实事求是的人。在是否处死张亮的问题上，李道裕力排众议，仗义执言，说："亮反形未具，罪不当死。"这种不惧嫌疑的行为，证明了李道裕为人的原则性。于是，唐太宗任命李道裕为刑部侍郎。

贞观二十年六月，唐太宗欲赴灵州招抚敕勒诸部，要太子随行。少詹事张行成上疏说："皇太子从幸灵州，不若使之监国，接对百僚，明习庶政，既为京师重镇，且示四方盛德。宜割私爱，俯从公道。"唐太宗甚觉妥帖，便提拔张行成担任了较高的职务。

人尽其才是每个领导者孜孜以求的，这涉及人才及岗位价值的最大化问题。人人都是人才，就看放的是不是合适地方，这是一个人岗匹配的问题。不同的岗位有不同的人才需求，不同的人才有不同的岗位适应性。领导者在选拔或培养人才时，重在把下属放在与其能力相匹配的最适合的岗位上，以便发挥他们的最大价值。

第四章　本德宗道

注曰：言本宗不可以离道德。

王氏曰：君子以德为本，圣人以道为宗。此章之内，论说务本、修德、守道、明宗道理。

现代解读：修身处世，需要讲求方正，以德立身，这是成功者必须确立的内在标准。没有这个内在标准，人生之路就会失去支撑，最终导致失败。保持本色，坚守原则，不忘做人处世之根本，这样才能立得长久。

【原文】

夫志心笃行之术：

长莫长于博谋，安莫安于忍辱，先莫先于修德，乐莫乐于好善，神莫神于至诚，明莫明于体物，吉莫吉于知足。苦莫苦于多愿，悲莫悲于精散，病莫病于无常，短莫短于苟得，幽莫幽于贪鄙，孤莫孤于自恃，危莫危于任疑，败莫败于多私。

【译文】

一个人要想做到志向坚定，品行淳厚，需要：

深谋远虑，这是最长久的方法；

忍辱负重，这是最安全的方式；

修德养性，这是首要任务；

乐善好施，这是最快乐的事；

至诚至性，这是最神圣的态度；

了解事物本质，这是最明智的做法；

知足常乐，这是最吉祥的心态。

最痛苦的缺点是，欲壑难填；

最悲哀的状态是，精神离散；

最有害的做法是，反复无常；

最无耻的妄想是，不劳而获；

最愚昧的行为是，贪婪卑鄙；

最独的做法是，自恃太高；

最危险的举措是，任用自己不信任的人；

最失败的行为是，自私自利。

为人智慧

恃才傲物的"独行侠"会被孤立

恃才傲物的人往往会被孤立。这是《素书》"孤莫孤于自恃"的本意。张商英评价恃才傲物者时说道："自恃，则气骄于外而善不入耳；不闻善则孤而无助。"的确，骄傲自大的人无意中会在自己与外界之间竖起一道无形的墙，形成与外界的隔阂，并因此变得目中无人。这类人脱离群体，与群体意识相悖，甚至会令人厌烦，被人孤立，成为为人处世的障碍，就如王氏所言："如独行一般，智寡身孤，德残自恃。"生活中也确有相当数量的人有这种毛病，不合群，难与人相处。

比如，嵇康是魏晋风流名士竹林七贤之一，也是魏晋之际著名的思想家、文学家和音乐家。他喜好老庄，卓然不群，傲骨铮铮，愤世嫉俗。正是他这种与世格格不入的个性决定了他一生悲剧性的结局。

钟会是魏国大臣钟繇的儿子，司马氏新贵刚一得势，他立即俯首依附，成为司马集团的重要人物。他对玄学颇为爱好。有一天，他带众宾客浩浩荡荡乘骑马车特地去拜访嵇康。嵇康精于锻铁，在宅内的大柳树下挥臂扬锤干得正欢，时值盛夏酷暑，他汗流浃背，却神情欢快。竹林七贤之一的向秀在一旁鼓风。钟会一行人大模大样地来了，嵇康非但不辍工相迎，连这群人站立到他身旁也毫不理会，视若无睹，仍兀自叮当锻铁不止，仿佛锻铁才是件其乐无穷、令人不忍罢手的大事。

钟会久闻嵇康的怪异言行，又是专程前来讨教，初也不以为忤，与众宾客垂手默立一旁，静静等候。谁知一等就是一个时辰，而嵇康仍挥锤如初，丝毫无停歇之意。钟会心想，能让我这么耐心等一个时辰的，世上恐怕别无二人了，嵇康你也太张狂了。钟会心下怏怏不乐，正欲打道回府，不料一直不曾言语的嵇康这时竟开口说道："何所闻而来？何所见而去？"这话不说倒也罢了，钟会一听恨从心底起：你小子当着这么多宾客的面给我冷脸，我也就忍了，你非但无丝毫歉疚，竟还敢出言讥讽揶揄我。钟会强压怒火，硬邦邦扔下了句"有所闻而来，有所见而去"，上马就走。嵇康过后并未将此事放在心上，而钟会却一直耿耿于怀，伺机报复。后来，吕巽、吕安兄弟的纠纷终于让其遂了心愿。

吕巽和吕安都是嵇康的好朋友。有一天，一直垂涎于吕安妻徐氏美貌的吕巽，趁吕安外出之时，竟灌醉了弟妇将其奸污。事情败露，吕安非常愤怒，意欲与丧尽人伦的兄长对簿公堂。作为两兄弟好友的嵇康自然不愿见到二人不可收拾的结局，竭力从中和解，暂且平息了干戈。岂料事隔不久，吕巽竟然恶人先告状，诬说吕安不孝，虐待老母，并诽谤中伤吕安。由于吕巽是钟会的红人，吕安有口难辩，竟身陷囹圄，被判发配边地。吕安激愤难抑，上诉申冤，言辞中提及嵇康。嵇康向来耿介，仗义忘危，挺身陈述事情的来龙去脉，因此也被牵连入狱。曾被嵇康冷落戏弄的钟会大喜过望，欲就此置之死地而后快。他在司马昭面前进谗言：忠于曹魏的将领毌（guàn）丘俭起兵造反时，嵇康曾企图响应，并且嵇康、吕安等人平时言论放肆，菲薄汤武，攻击名教，为帝者不容，应予除灭，以正风俗。司马氏对嵇康批评时政的激烈言论也早就不满。钟会这一搬弄口舌正中下怀，司马昭杀心顿起。

　　魏元帝曹奂景元三年（262），一作景元四年（263），嵇康被杀于洛阳东市。这不能不说是一个令人扼腕叹息的悲剧。

　　一个人有了一定的才气，自然身价倍增，但这并不是骄傲的资本，更不能因此而自恃清高，或不把别人放在眼里。低调不是一句口号，要切切实实地保持行为上的低调，就应明白为人不可恃才傲物的道理。要知道，任何人都有被瞧得起和被尊重的需求。恃才傲物、目中无人，到头来可能因此而得罪了他人，断了自己的后路。

　　恃才傲物者多半是身怀一些常人所不及之本事的人，有的恃才傲物者是出于性格清高，有的则是故意与人"叫板"，但不管属于哪一类，都不是明智之举，更非做人应有的低姿态。自视清高、恃才傲物只会让自己陷入困境，三国时期的马谡就是这样的人。

　　马谡是"马氏五常"之一，幼负盛名，一直骄傲自满，恃才放旷，言语浮夸。刘备早就看出了这一点，所以在白帝城向诸葛亮托孤之时就曾提出："马谡言过其实，不可大用。"可是诸葛亮却没有看透这位夸夸其谈的纸上军事家，在与劲敌司马懿交兵时，派他去负责坚守军事要地街亭。不过，诸葛亮终究是诸葛亮，在马谡出兵之前，他不但指派"老成持重"的王平当马谡的助手，而且一再嘱咐他："街亭虽小，干系甚重。"并且让他安排好作战士兵后立刻画一张地理图来。但马谡自恃才高，一到街亭，他就大发议论，说是"此等易守难攻之地，何劳丞相如此费心"。此外，他违背诸葛亮的作战部署，放弃水源，将部队驻扎在山顶上。

王平提醒马谡不要忘记丞相的指示，按照街亭的情况来看，若扎营于山顶，实是死地。因为如果一旦魏军切断了他们的水道，他们就成了"涸辙之鲋"，那就"不战自乱"了。但马谡板起面孔，训斥王平："你懂什么？如果魏军困住我们并切断水道，那我们就是置之死地而后生了。"结果魏军一到，果然切断水道，困住了马谡，马谡失去了水源，军心涣散，后来果然失去街亭。战后，马谡被诸葛亮挥泪斩首。

这个问题并非只存在于一两个人身上。梁漱溟先生认为，资质平庸的人考虑的东西少，矛盾冲突也就少；而才气较高的人，虽然聪明些，但是"私欲也比旁人盛，比旁人多"，他们总是渴望做一些旁人做不到的事。因为有一定的见识，所以又能够认识自己身上的缺陷，看到可能导致自己失败的地方。

世界上有很多这样的理想主义者，他们认为自己就像坠入凡尘的天使，周围的一切都应该根据他们的需要而设定，因此周围的人都可能会被他们贬为"俗物"。《红楼梦》中给妙玉的判词是"好高人愈妒，过洁世同嫌"。这样的人难免会惹人厌烦，何况这类人本身未必真的能达到高洁的境界。妙玉不就是"云空未必空"吗？因此最后连自己也给否定了。

《红楼梦》中的宝玉其实也有一样的毛病。他说那些男的都是泥做的，说嫁了人的女子就像死鱼眼珠子般可恶。所以对那些人他都远离之，而那些老妈子也在背后嘲笑他。但同时他也知道自己不过是一个浊物，在面对女儿家时，他就会不自觉地厌恶自己。他所讨厌的一切又是他寄身的所在，所以最后只能是以出家的方式求得解脱。

一般而言，自恃太高的人大多存在着某种潜在的心理问题。自恃的动因多半是虚荣心在作怪。有人说虚荣是落后的根源、骄傲的渊薮（sǒu），并非没有道理。正是虚荣心作怪，骄傲自大的人才自欺欺人，干出睁着眼睛说瞎话的傻事。不管是有意的自恃清高还是不自觉的自恃清高，都属于未能真正了解自己。自恃清高的人往往对社会的期望值过高，由于这种期望本来就是建立在虚无基础上的，所以最终的结果必然是好梦难圆，希望落空，于是随之而来的就是懊恼、不平以及对社会和各种机遇与人际关系的诅咒与抗争。这种情况在文学领域可能早就屡见不鲜了。

用减法拨算生活，甩开欲望包袱

古人一直强调要清心寡欲，抛却执妄。庄子说："道与之貌，天与之形，无以好恶内伤其身。"意思是生活要顺其自然，要不增不减，抛却心中的妄情、妄念、妄想，保持一片清明境界，这才是上天给我们的道。这个道就是本性，也就是人自自然然地活着，一天到晚头脑清清楚楚，不要过于世故。如果过于世故，就会欲望过多，就容易大喜大悲，使身体脏器受伤害，就会生病，无法长寿。黄石公说："苦莫苦于多愿。"正如王氏在解读时所说："心所贪爱，不得其物；意在所谋，不遂其愿。二件不能称意，自苦于心。"

人生是一场旅行，当背负的行囊过于沉重时，就应该丢掉一些累赘的东西，只有适当放弃才能让你轻松自在地生活。

扬州有个商人，一天他和几个同伴乘船返回家乡。哪知小船到了河中间的时候，突然船体破了，水一个劲儿地漏进船里。眼看船就要沉了，于是大家干脆全都跳进河里，准备游到对岸去。这个扬州人虽然拼命地向前游，却游得很慢。

同伴们问他："你游泳技术比我们好，今天怎么了，竟然落在我们后面？"这个人十分吃力地说："我腰上缠着100块银元，很沉，我游不远。""赶快把它解下来，丢掉算了。"同伴们都劝告他。可是他摇着头，舍不得扔掉这些钱，渐渐地这个人越游越慢，几乎要精疲力尽了。

这时，同伴们都已经游到了对岸，看见这人马上就要沉下去了，于是就冲他大喊："快把钱扔了！你太愚蠢，连性命保不住了，还要钱有什么用？"可是这个人还是舍不得这些钱。不一会儿，他终究沉下去淹死了。

一个带着沉重包袱上路的人注定不会走得快，只有卸下身上的包袱才可能走得更快。我们总是让生命承载太多东西，于是这个舍不得丢掉，那个舍不得丢掉，最终我们自己被累弯了腰。

有些人的欲望就像个无底洞，任多少金银财宝也难以填满。欲望是需要用"度"来控制的。人具有适当的欲望是一件好事，因为欲望是追求目标与前进的动力，但如果给自己的心填充过多的欲望，只会加重前行的负担。人贪得越多，加在心上的负担也就越重。明知如此，许多人却仍然根除不了贪婪的劣根性。对真正享受生活的人来说，任何不需要的东西都是多余的。适当放下是一种洒脱，是参透人性后的一种平和。背负了太多的欲望，总是为金钱、名利奔波劳碌，整天忧心忡忡，又怎么能快乐呢？只有放下那些沉重的东西，才能让心灵得到放松。

一个人实际需要的东西其实十分有限，许多额外的东西只是徒增无谓的负担而已，人们需要做的是从内心爱自己。曾有这么一个比喻："我们所累积的东西，就好像是阿米巴变形虫分裂的过程一样，不停地制造、繁殖，从不曾间断过。"如果工作、责任、人际、家务等占据了你全部的空间和时间，你每天忙着应付这些事情喘不过气来，甚至连吃饭、喝水、睡觉的时间都没有，那就失去了享受生活的意义。

拼命用"加法"的结果，可能会把一个人逼到生活混乱，精神濒临错乱的地步。这时候就应该运用"减法"了。这就好像参加一趟旅行，当一个人带了太多的行李上路，在尚未到达目的地之前，就已经精疲力尽。唯一的方法是减轻压力，就像扔掉多余的行李一样。

心理学家荣格曾这样形容道："一个人步入中年，就等于走到人生的下午，这时既可回顾过去，又可展望未来。在下午的时候，就应该回头检查早上出发时所带的东西究竟还合不合用，有些东西是否该丢弃了。理由很简单，因为我们不能照着上午的计划来过下午的人生。早晨美好的事物，到了傍晚可能显得微不足道；早晨的真理，到了傍晚可能已经变成谎言。"或许你用某种方式成功地走过早晨，但是当你用同样的方式去过下午时会发现自己不堪重负，坎坷难行，这就是该丢弃东西的时候了。

旁观者清，当局者迷。对人性的弱点，每个人多少都有些了解，可一旦深陷其中便无法摆脱，被贪欲牵着鼻子走。不识"庐山真面目"，只因"身在此山中"，这也是人性的一种悲哀。人生中该收手时就要收手，切莫让得到也变成另外意义上的失去。合理地放弃一些东西吧，我们才能得到更珍贵的东西。

抛却心中的"妄念"，才能够使你于利不趋、于色不近、于失不馁、于得不骄，进入宁静致远的人生境界。

物质的快乐，不等于心灵的幸福

黄石公在《素书》中说："吉莫吉于知足。"他认为知足者有吉庆之福，而老子在《道德经》中说："祸莫大于不知足。"意思是说一个人最大的坏处就在于他不知足，奉劝人们学会知足。孟子说："养心莫善于寡欲。其为人也寡欲，虽有不存焉者，寡矣；其为人也多欲，虽有存焉者，寡矣。"这些话说的都是知足常乐的道理。一个人活在世上，首先要学会知足，一个不知足的人永远和幸福无缘。

人的一生中，会有许多的追求、憧憬。比如：追求真理，追求理想的生活，追求刻骨铭心的爱情，追求金钱，追求名誉和地位。有追求就会有收获，我们会在不知不觉中拥有很多，但有些是我们必需的，有些是完全用不着的或不必需的。那些用不着的或不必需的，除了满足我们的虚荣心外，最大的可能就是成为我们的一种负担。

古人有句话叫"大道至简"，就是大道理（基本原理、方法和规律）往往是极其简单的。美籍华裔数学家陈省身先生有一个很有趣的"数学人生法则"，就是九九归一，化繁为简。智者的简单，并非因为贫乏或缺少内容，而是繁华过后的一种觉醒，是一种去繁就简的境界。简单的过程是一个觉醒的过程。幸福的人生一定是一个去繁就简的人生，是一个节制欲望的人生。

财富也好，情感也罢，或是其他方面的欲望，都应把握好度，适可而止。贪婪多欲，乃失败之根本。一些人想要这个，想要那个，即使能得到想要的，还是不停地去想没得到的，永远不满足。这样总是欲望不止，烦恼不断，自然是得不到幸福的。

心理学家指出：最普遍的和最具破坏性的倾向之一就是集中精力于我们所想要的，而不是我们所拥有的。对拥有多少我们似乎并不在意；我们不断扩充我们的欲望名单，这就导致了我们始终不会有满足感。或许你在心里会说："当这个欲望得到满足时，我就会快乐起来。"可是一旦这个欲望得到满足，你又会渴望新的欲望得到满足。于是这样的心理过程不断重复，幸福随之变得遥远，甚至成为一个遥不可及的梦。

柏杨先生曾说："一个人的欲望如果只是追求金钱或权势，他便永不能获得满足，而不满足便不能快乐……物质的快乐，不等于心灵的幸福；物质的不快乐，同样也不等于心灵的不幸福。"幸福与物质无关，它是一种心态，一种满足感。在世俗的生活中，柏老无疑是个幸福的人。

据张香华女士回忆，她初识柏老之时，柏老住在一个改装过的汽车间里，"写字间与客厅合并"，"一间小卧室，用一排高大的书架充当墙壁"，"一切的琐事都要亲自处理"。这与我们想象中的样子完全不同，但柏老就是在这样的环境中，从事着自己的写作，且生活得很惬意。如果没有一颗知足常乐的心，是无法达到这种境界的。**幸福其实就是这么简单：别勉强自己去做他人，知足常乐即可。**

知足常乐是一种看待事物发展的心情，不是安于现状的追求态度。《大学》中的"止于至善"是说人应该懂得如何努力而达到最理想的境地和懂得自己该处于什么位置是最好的。只有知足常乐、知前乐后，透析自我、定位自我、放松自我，才不致好高骛远，迷失方向，碌碌无为，心有余而力不足，弄得心力交瘁。

知足是一种处世态度，常乐是一种幽幽释然的情怀。知足常乐，贵在调节。做到知足常乐，良好心态就会和为人处世并驾齐驱，充满和谐、平静、适意、真诚。这是一种人生底色。当我们在忙于追求、拼搏而迷惘的时候，知足常乐这种在平凡中渲染的人生底色所孕育的宁静与温馨对风雨兼程的我们是一个避风的港口。在这个港口休憩整理后毅然前行，身心又充满动力。真正做到知足常乐，人生会多一些从容，多一些达观。

贪婪多欲的人，纵然富甲天下，还是欲壑难填，在心理上还是贫穷，他们拥有的是痛苦的根源而非幸福的靠山；而知足少欲的人，才是心理上真正的富人。

处世智慧

精诚之心可胜过一切技能

"神莫神于至诚",真诚乃最明智的处世之道。因为情感是人们沟通、交流的桥梁。饱含真情的语言则是唤起情感的一种最具感召力的武器。运用饱含真情的话语,能顺利地使交谈双方产生情感共鸣,相处融洽,形成良好的交际氛围,有力地推动人们将某种行为动机付诸实施,并做出积极反应。

人贵以真,更贵以诚。如果把真诚的思想和感情直接表达和抒发出来,受话的一方一般也会动以真心,施以诚意。开诚布公法就是利用这宝贵的"真诚"二字来发挥作用。这就是说话时方中带圆,圆中有方。

只有实实在在、诚心诚意对待他人,才能获取他人真心实意的帮助与支持,才能达到预期的目标。真实、笃诚和真情是说实话时必须注意的三要素,以真实、笃诚为铺垫、为基础,以真情动人、以真情感人,才能达到打动人心的目的。

英国诗人乔叟说过:"真诚才是人生最高的美德。"很多人总觉得周围的人难以信任,对一切都抱有戒备之心,并感叹世事难料,人心不古。其实,在抱怨别人没有真诚对待自己的时候,你是否问过自己:你以一颗真诚的心对待这个世界了吗?如果你对他人没用真诚,又有什么资格获得他人对你的真诚呢?

以学术研究为毕生事业的冯友兰先生,更习惯以学术的方式阐述人生的哲理。对真诚,他用一些学术研究的方式来阐述，甚至以文艺作品为例进行分析。他说："以文艺作品为例……为什么有些作品能令人百看不厌呢？即因其中有作者的一段真挚精神在内。"不管是什么样的作品，真正打动人心的，是真诚的思想与情感，而不是华丽的文字。冯友兰先生还借用《周易》中的话来说明真诚的重要性。《周易》乾卦的《文言》说："修辞立其诚。"我们说话、写文章都要表达真实的见解，这叫"立其诚"。做人也是如此，唯有用一颗真诚的心，才能换得别人的真诚相待。

有一只乌龟在沙滩上晒太阳，几只螃蟹爬过来，它们看到乌龟背上的甲壳，嘲笑道："瞧瞧，那是一只什么怪物啊，身上背着厚厚的壳不说，壳上还有乱七八糟的花纹，真是难看死了。"

乌龟听后，觉得很羞愧，因为它早就痛恨自己这身盔甲。可这是娘胎里带出来的，它没法改变，只能把头缩进壳里，想来个眼不见、耳不听，还能落得个清静。

谁知螃蟹们见乌龟不反抗，便得寸进尺："哟，还有羞耻心呢，以为把头缩进去，你就能改变你一出生就穿破马甲的命运吗？"乌龟没有应答。螃蟹自讨没趣，于是走了。

乌龟等螃蟹们走后，伸出头，迈动四肢，找到一处礁石，把它的背部靠在礁石上不停地磨，想磨掉那件给它带来耻辱的破马甲。终于，乌龟把背磨平了，马甲不见了，但它全身鲜血淋漓，疼痛不堪。

这天，东海龙王召集文武百官开会，宣布封乌龟家族为一等勋爵，并令它们全体来叩谢。

在乌龟家族里，龙王一眼就瞧见了那只已没有马甲的乌龟，大怒道："你是何方妖怪，胆敢冒充乌龟家族成员来受封？"

"大王，我是乌龟呀！"

"放肆，你还想骗我，马甲是你们龟类的标志，如今你连标志都没有了，已失去了本色，还有什么资格说是乌龟。"说完，龙王大手一挥，虾兵蟹将们就将这只丢掉本色的乌龟赶出了龙宫。

这只可怜的乌龟盲目地按螃蟹们的审美观来改变自己，最后将自己弄得面目全非，被赶出了乌龟家族。用真诚的心对待他人，并非不顾现实去盲目迎合他人，而是从实际出发，真诚待人，这样你无愧于别人，也无愧于自己。

敞开心扉，真诚地对待他人，或许会有被误解之时，但终将守得云开见日出，以你的真心实意赢得他人的尊重与诚意。

表象不可轻信

纷繁复杂的世界里充满了矛盾和假象，所以我们只有掌握了科学的思维方法，才能识别假象，去伪存真，让自己立于不败之地，这正是"明莫明于体物"的道理所在。

以下的两个例子就是告诉我们千万不要被假象蒙蔽而犯错。

故事一。

晋文公在位的时候，在他身边发生了一起陷害案。

一天，一个侍从从庖厨端来了一盘烤肉，恭恭敬敬地送到晋文公面前请其品尝。晋文公拿起餐具准备切肉尝鲜，忽然发现肉上粘着头发。他立即放下手中的小刀，命人去找膳吏。膳吏看到传召的侍从脸色不好，一路上不停地捉摸这次晋文公召见的原因。是刚送去的烤肉火候不够，还是烧烤时用料不当，口味欠佳呢？

一见到晋文公，他就遭到一阵责骂。晋文公气势汹汹地问："为什么烤肉上有头发?"膳吏一听,原来发生了一件没有料到的祸事。虽然他明知道这件事里面有鬼,但在晋文公的气头上是不能辩白的。否则,把握不好,自己很容易招致横祸。因此,膳吏急忙跪拜叩头,口中却似是而非、旁敲侧击地说:"请国君息怒,奴才真是该死。烤肉上有头发,我有三条罪过。我用最好的磨石把刀磨得比利剑还快,它能切肉如泥,可就是切不断毛发,这是我的第一大罪过。我在用木棍去穿肉块的时候,竟然没有发现肉上有一根毛发,这是我的第二大罪过。我守着炭火通红、烈焰炙人的炉子把肉烤得油光可鉴,然而就是烤不焦、烧不掉肉上的毛发,这是我的第三大罪过。不过,我还想补充一句,您是一位明察秋毫的贤明国君,您能否把堂下的臣仆观察一遍,看看其中是否有恨我的人呢?"

晋文公觉得膳吏所言话外有音,就对这事产生了怀疑。他立即召集属下查问。结果不出膳吏所料,真的找出了那个想陷害膳吏的人。晋文公下令杀了那个人。

故事二。

三国时期,吴国的国君孙亮的思维判断能力也非常令人折服。孙亮非常聪明,观察和分析事物都非常深入细致,常常能使疑难问题得出正确的结论,为一般人所不及。

一次,孙亮想要吃蜜汁梅,吩咐黄门官去库房把浸着蜂蜜的蜜汁梅取来。这个黄门官心术不正而且心胸狭窄,是个爱记仇的小人。他和掌管库房的库吏素有嫌隙,平时两人见面经常发生口角。他怀恨在心,一直伺机报复。这次可让他逮到机会了。他从库吏那里取了蜜汁梅后,悄悄找了几颗老鼠屎放了进去,然后才拿去给孙亮。

不出他所料,孙亮没吃几口就发现蜜汁梅上面有老鼠屎,果然勃然大怒："是谁这么大胆，竟敢欺到我的头上，简直反了！"

心怀鬼胎的黄门官忙跪下奏道："库吏一向不忠于职守，常常游手好闲，四处闲逛，一定是他的渎职才使老鼠屎掉进了蜜汁梅的储存器皿里。这既败坏了主公的雅兴又有损您的健康，实在是罪不容恕，请您治他的罪，好好教训教训他！"

孙亮马上将库吏招来审问鼠屎的事，问道："刚才黄门官是不是从你那里取的蜜汁梅呢？"

库吏早就吓得脸色惨白，他磕头如捣蒜，结结巴巴地回答："是……是的，但是我给他……的时候，里面……里面肯定没有鼠屎。"黄门官抢着说："不对！库吏在撒谎，鼠屎早就在蜜中了。"

两人争执不下，都说自己说的是真话。

侍中刁玄和张邠出主意：既然黄门官和库吏争不出个结果，分不清是谁的罪责，不如把他俩都关押起来，一起治罪。

孙亮略一沉思，微笑着说："其实，要弄清楚鼠屎是谁放的这事很简单，只要把老鼠屎剖开就可以了。"他叫人当着大家的面把鼠屎切开。大家仔细一看，只见鼠屎外面沾着一层蜂蜜，是湿润的，里面却是干燥的。孙亮笑着解释说："如果鼠屎早就掉在蜜中，浸的时间长了，一定早湿透了。现在它却是内干外湿，很明显是黄门官刚放进去的，这样栽赃，实在是太不像话了！"

这时的黄门官早吓昏了头，跪在地上如实交代了陷害库吏、欺君罔上的罪行。

由此可见，对复杂的形势和难以判断的事物，我们只有全面分析、推理，开动脑筋去研究，才不会被表面现象所迷惑，不被事物的复杂性所吓倒，才能正确认识事物的表象和本质，做出公正的判断。

有些人为了达到个人目的不惜造谣生事、诬陷诽谤，这时你只有运用灵活的思维和准确的分析判断能力，才能够避免被人蒙蔽，犯下只看表象、不识本质的错误。

蛮力总是比不过巧劲儿

黄石公之所以强调"长莫长于博谋"，是因为为人处世需有勇有谋。凭借勇气横冲直撞，虽然能够取得一时的胜利，但是却不利于日后的发展。为人处世的技巧之一，就是要懂得巧用智谋战胜别人，而非凭借蛮力。

例如，胡雪岩为了保护自己的利益，虽然和生意场上的人频频过招，但是在斗智斗勇的过程中却一直在寻求最好最省气力的解决方法。在他和盛宣怀的交手过程中，不难看出他智慧的一面。

为了打败盛宣怀，又不与其发生正面交锋，胡雪岩几经思量想出了釜底抽薪的好办法。胡雪岩开始打主管盛宣怀的官员李瀚章的主意，希望这样能够牵制住盛宣怀。

一天，胡雪岩去李瀚章处吹风，说湖北那边儿出事情了，其主要原因就是盛宣怀办事不力，希望李大人仔细考量。李瀚章听信了他的话，十分赞同他的看法，决定去向李鸿章反映情况。见李瀚章心动，胡雪岩赶忙再抽一把柴，说："李大人，盛宣怀办矿，可以说是擀面杖吹火，一窍不通。这个尚且不说，他的资金从哪里来？单凭官款和十万元商股远远不够。"胡雪岩的这几句话直接点出问题的关键，李瀚章不免询问胡雪岩的看法。胡雪岩说道："筹集资金之地，全国上下，莫过于上海；而集上海之能人，莫过于唐廷枢、徐润。湖北开采煤铁总局若能划归轮船招商局，所有问题都能迎刃而解，也不必像现在这般挣扎在死亡线上。湖北煤铁开采总局若筹集不到资金，可在上海筹集，也可将轮船招商局的资本暂缓扩充，用到湖北煤铁开采总局上来。这个办法虽说不是十分理想，却很有效。"

要不说胡雪岩聪明。他虽然想趁机打压盛宣怀的势力，并趁机将盛宣怀的事业划给自己，但是他分析得头头是道。李瀚章怎能不动心？胡雪岩一走，李瀚章左思右想一番，然后就将这些话说给弟弟李鸿章听。李鸿章听了之后，很是生气，但碍于李瀚章是他哥哥不好说什么，只能嘱咐盛宣怀多协调跟他哥哥的关系。这弄得盛宣怀好不难看。但是因为盛宣怀对李瀚章无可奈何，即便知道是胡雪岩捣鬼，也只好哑巴吃黄连了。

商场如战场，也存在惊险的博弈规则。就算不采用釜底抽薪的办法，能让对方出昏招更省时、省力。

下棋的人都知道"一招走错，满盘皆输"这句话。为人处世要时刻牢记以智取胜，以免因一时疏忽导致前途尽毁。面对对手，就应该像胡雪岩一样，要懂得从最佳的角度切入，用智谋取胜，毕竟蛮力总是比不过巧劲儿。

管理智慧

能够忍耻保平安，能够忍辱获生机

老子在《道德经》中说："大直若屈，大智若拙，大辩若讷。"身处逆境之时，应通晓时事，沉着待机，这才是智者的做法。"伏久者飞必高，开先者谢独早。"只有长久蛰伏修智，才能成就大事，才能一鸣惊人。与老子所言相呼应，黄石公在《素书》中说："安莫安于忍辱。"他认为：一个人如果不能忍辱负重，控制不住自己的冲动而鲁莽行事，就可能会陷入痛苦与困境中；一个人如果懂得了这个道理，也就明白了忍的作用。

杜牧在《题乌江亭》一诗中说："胜败兵家事不期，包羞忍耻是男儿。江东子弟多才俊，卷土重来未可知。"此诗婉转地批评了项羽。这位大英雄如果当时知忍、能忍，忍而后发，卷土重来未必不成大业。《说苑·谈丛》写道："能忍耻者安，能忍辱者存。"这与黄石公劝导世人"安莫安于忍辱"讲的是同样道理。

西汉开国功臣、军事家韩信是淮阴人，少时家里贫穷，没有事干，他便在城下卖鱼。肉铺里有个人欺侮韩信说："虽然你长得高高大大的，还老喜欢带着把剑游来荡去的，其实只是个胆小鬼罢了。"并且当众辱骂韩信："你如果不怕死，就刺我一剑；如果怕死，就乖乖地从我裤裆下钻过去。"此时周围的人都非常气愤，纷纷叫嚷着让韩信宰了这狂妄的小子。韩信看看对方，想了一下，俯身从那人裤裆下爬了过去，全街的人都笑韩信怯懦。

后来，夏侯婴向刘邦提起韩信。起先刘邦对韩信并没有什么好印象，因而也就没有重用他。韩信感到无用武之地就偷偷地逃跑了。萧何赶紧追回他，并对刘邦说："韩信是天下无双的国士，您要争得天下，非得韩信不可。大王如果诚心拜他做大将，就该选个好日子，事先斋戒并搭设一座高坛，按照任命大将的仪式办理才行。"刘邦答应了他，拜韩信为大将军。等到刘邦取得天下之后，韩信被封为楚王。

忍可以促使一个人的身心成熟，以便大展宏图。韩信受"胯下之辱"时显示了巨大的忍耐力，而后才在楚汉战争中脱颖而出，帮助刘邦取得最终胜利。

所以，如果有大志向就不要纠缠小过节，该忍的时候就要忍。如果什么事情都不想忍，什么亏都不能吃，这样的人势必会在一些小的过节中浪费很多的精力，他的生活中也会是非不断。只有适当忍耐，才能养精蓄锐，给自己足够的时间和空间，去实现理想。当然，在没有足够实力的时候，更加需要忍耐，因为弱者的生存之道就是隐忍。

朱元璋在取得基本胜利后广积粮、高筑墙、缓称王是忍耐；韩信甘愿受胯下之辱是忍耐；司马迁受到宫刑后忍受奇耻大辱继续写《史记》是忍耐；刘备与曹操青梅煮酒论英雄是忍耐。中国有句俗语"大丈夫能屈能伸"，说的便是忍辱负重的必要性。试想，假如当时韩信逞一时之勇而与对方在闹市上打斗，哪还有后来的常胜将军呢？

战国时期滕国的国君滕文公，听说强大的齐国将在薛国筑城，心里非常恐慌，于是请教孟子应该怎么做。孟子回答："从前周太王领着周部落的人居住在邠地的时候，狄人侵犯邠地，他们就迁到岐山下居住。不是选择这个地方，而是不得已啊。君子创业并传下统序，为了可以继承。至于后来的成功，是天命啊。国君您对齐国怎么办呢？您就竭力行善政罢了。"孟子举出了周朝先祖太王的例子，即太王为避狄人的侵犯，体恤百姓，带领周部落人到岐山避难。孟子意在劝谏滕文公面临强敌时，不要与对方争强斗胜，而要勉励自己为善，巩固内部，然后自立图强。

孟子在这里提出了使国家保存下来的最实用的办法：忍。当国力不够强，无法与外敌抗衡时，为了生存下去就要忍。勾践灭吴的故事就是忍道的最好体现。当他被吴国打败，困于会稽山上时，他忍了下来，去当夫差的马夫，妻女则沦为侍婢。后来他终于麻痹了敌人，被夫差放回越国。回国后，他卧薪尝胆，励精图治，终于灭吴。这正是勾践忍的结果。

"忍字头上一把刀。"事物总是在不断地运动和变化，机会存在于忍耐之中。对想要成就一番事业的人来说，最好的进取方式就是耐心等待，忍耐一切苦，因为大机会往往蕴藏在大忍耐之中。"天将降大任于是人也，必先苦其心志，劳其筋骨，饿其体肤……"说的就是这个道理。大丈夫志在四方，岂可为鸡毛蒜皮的小事而乱了大谋。忍不是停止，不是逃避，不是无为，而是守弱、积蓄力量，迂回前进。当命运陷入无可掌控之时，就要心平气和地接纳这种弱势，坚强地忍耐弱者的地位，在守弱的基础上积累实力，发奋图强，使自己脱离弱者的不利地位，适时出击，争取赢得成功的机会。

忍耐是一种执着，一种谋略；忍耐是一种意志，一种修炼；忍耐是一种信心，一种成熟人性的自我完善。小不忍则乱大谋。人在一生中难得事事如意，学会忍耐，婉转退却，可以获得极大益处。凡事有所失必有所得，若欲取之，必先予之。

见小利时思大害

元代一位文人写的《正宫·醉太平》中有这样一句："夺泥燕口，削铁针头，刮金佛面细搜求，无中觅有。鹌鹑嗉里寻豌豆，鹭鸶腿上劈精肉，蚊子腹内刳脂油，亏老先生下手。"这首元曲讥讽贪小利者，刻画得入木三分，令人拍案叫绝；也许有夸张之嫌，但也足够引人思考。人生如梦，弹指一挥间。在这个过程中，无数人为蝇头小利算来算去，终究一事无成，如一粒尘土来到世间，庸碌过后，仍旧是尘归尘，土归土。他活在世上一遭，世界似乎在打盹，没有被他激起一点儿涟漪，这样的人生无疑是可悲的。其悲剧的根源，在于其致命的弱点：贪小利。

贪小利的危害实际上是《素书》"短莫短于苟得"的第二层含义。意思是，人若没有长远眼光，贪图眼前小利，则会因小失大。有权势或者富贵的人，应酬十分频繁，朋友、熟人之间请客送礼也如家常便饭。这中间除了友情之外，也免不了夹杂个人利害。所以，在接受别人厚礼的时候，要三思而行，千万不要因贪利而使自己陷于被动的处境中。

从前，鲁国的宰相公仪休非常喜欢鱼，赏鱼、食鱼、钓鱼、爱鱼成癖。一天，府外有一人要求见宰相。从打扮上看，像是一个渔人，手中拎着一个瓦罐，急步来到公仪休面前，伏身拜见。公仪休抬手命他免礼，看了看，不认识，便问他是谁。

那人赶忙回答："小人子男，家住城外河边，以打鱼为业，尚可糊口度日。"

公仪休又问："你找我所为何事？莫非有人欺负你，抢了你的鱼吗？"

子男赶紧说："不不不，大人，小人并不曾受人欺负。只因小人昨夜出去打鱼，见河面上金光一闪，小人以为定是碰到了金鱼，便撒网下去，却捕到一条黑色的小鱼。这鱼说也奇怪，身体黑如墨染，连鱼鳞也是黑色，几乎难以辨出，而且黑得透亮，仿佛一块黑纱罩住了灯笼，黑得泛光。鱼眼也大得出奇，直出眶外。小人素闻大人喜爱赏鱼，便冒昧前来，将鱼献于大人，还望大人笑纳。"

公仪休听完后心中好奇，公仪休的夫人也觉新鲜。子男将手中拎的瓦罐打开，果然里面有一条小黑鱼在罐中来回游动，碰得罐壁乒乓作响。公仪休看着这鱼，忍不住用手轻轻敲击罐底，鱼便更加欢快地游跳起来。

公仪休笑起来，口中连连说："有意思，有意思，的确很有趣。"公仪休的夫人也觉别有情趣。子男见状将瓦罐向前一递，说："大人既然喜欢，就请大人笑纳吧，小人告辞。"公仪休却急声说："慢着，这鱼你拿回去，本大人虽说喜欢，但这是你辛苦得来之物，我岂能平白无故收下。你拿回去吧。"

子男一愣，赶紧跪下，说："莫非是大人怪罪小人，嫌小人言过其实，这鱼不好吗？"

公仪休笑了，让子男起身，说："哈哈哈，你不必害怕，这鱼确如你所说奇异有趣，我并无怪罪之意，只是这鱼我不能收。"

子男惶惑不解，拎着鱼，愣在那里。公仪休的夫人在旁边插了一句话："既是大人喜欢，倒不如我们买下，大人以为如何？"

公仪休说好，当即命人取出钱来，付给子男，将鱼买下。子男不肯收钱，公仪休故意将脸一绷，子男只得谢恩离去。

后来又有好多人给公仪休送鱼，却都被公仪休婉言拒绝了。

公仪休身边的人很是纳闷，忍不住问："大人素来喜爱鱼，连做梦都为鱼担心，可为何别人送鱼大人却一概不收呢？"

公仪休一笑，道："正因为喜欢鱼，所以更不能接受别人的馈赠。我现在身居宰相之位，拿了人家的东西就要受人牵制，万一因此触犯刑律，必将难逃丢官之厄运，甚至会有性命之忧。我喜欢鱼，现在还有钱去买；若因为贪鱼而失去官位，纵然爱鱼如命怕也不会有人送鱼，也更不会有钱去买。所以，虽然我拒绝了别人送的鱼，却没有免官丢命之虞，还可以花自己的钱购买我喜欢的鱼。这不比那样更好吗？"

众人不禁暗暗敬佩。

公仪休身为鲁国宰相，喜欢鱼，却能保持清醒，头脑冷静，不肯轻易接受别人的馈赠，这实在很难得。身居高位的领导者，更要懂得洁身自好，为人榜样。

由此可见，有些事表面看来能获得利益，但从长远来看，会因小失大，损失惨重。做事灵活的人绝不要被眼前的利益所迷惑。

不要轻易动摇对下属的信任

俗话说："用人莫疑，疑人莫用。"领导者在不违背团队运行程序和规则的前提下，要信任团队成员，而不是怀疑或否认。如果用人多疑，则"上不信下，下不信上，上下离心，以至于败"，也就是黄石公所言的"危莫危于任疑"。

用人，就要信任人，这样才能使用人者与被用人者把心思和力量共聚于一个焦点，共同创造伟业，取得胜利和成功。《资治通鉴·唐纪》记载：

有人向唐太宗告发魏微结党营私，唐太宗便派御史大夫温彦博去查办。几天后，魏徵朝见唐太宗时说："您应当知道，国家的命运与你我是联系在一起的，您把相位交给我，是相信我会诚心诚意地帮助您治理好国家。如果我们之间心存疑忌，那么我们怎么能治理好国家呢？"唐太宗醒悟，承认了错误。魏徵在朝见唐太宗时强调：领导者与被领导者之间相互信任，才能使国家得到大治。管仲为齐桓公治理齐国从而使齐桓公成就霸业，就在于用而有信。可见，"用人不疑"是古今明哲的一致见解。

信任，不是只挂在口中，而是要把它牢记于心，并且时时处处能做到这一点，这才是领导者的英明。

战国时期，魏国国君魏文侯打算征伐中山国，于是上朝讨论的时候，他叫众人举荐能人。有一位大臣举荐一个叫乐羊的人，说他文武双全，一定能够胜任。旁边的一位大臣说乐羊的确能征善战，但他的儿子在中山国做大官，因此担心他不忍心下手。魏文侯一时无法做出决定。后来，魏文侯听说乐羊拒绝了儿子要他到中山国任职，还听说乐羊劝说儿子不要再为荒淫无道的中山国君做事。魏文侯力排众议，决定重用乐羊，派他带兵去攻打中山国。

乐羊率领军队一直打到中山国的国都，然后驻扎在城下，按兵不动。几个月过去了，乐羊还是没有起兵攻打中山国的都城。于是魏国国内议论之声四起，可是魏文侯并不听信这些话，而是不断派人给乐羊送去吃的、喝的。一个月后，乐羊发动进攻，没过几天便攻下了中山国的都城。魏文侯听到消息后很高兴，亲自为乐羊接风。筵席完毕，魏文侯送给乐羊一只大箱子，笑着让他回家之后再打开看。乐羊回到家打开箱子一看，原来箱子里面全是他攻打中山国时魏国大小官员诽谤他的奏章。

如果当时魏文侯听信了诽谤的话，中途对乐羊采取行动，那么他托付给乐羊的事也就无法完成，也就不可能攻下中山国。一个领导者正确的判断是信任的前提，也是至关重要的，如果无法做出正确的判断，也就无法对下属信任，那么就会对下属产生怀疑，这样的危害性比直接指责下属更严重。

孙策是东汉末年割据群雄之一，三国时的孙吴政权的奠基者，他十几岁就统率千军万马横扫江东，声震四方，年纪轻轻就干出了一番大事业。他的下属对他忠勇，愿意为了他连命都不要。孙策为什么能得到下属的拥护呢？史书上记载："策为人，美姿颜，好笑语，性阔达听受，善于用人，是以士民见者，莫不尽心，乐为致死。"原因之一是他信任下属。如果没有他对下属的信任，他不会取得那么大的成就。

孙策对太史慈的重用充分地表明了他对下属的信任所产生的良好效果。当刘繇被孙策大败，残兵败将逃散四方的时候，孙策派太史慈去招纳刘繇的部下。这时身边的人都担心太史慈会恋旧主而一去不返。而孙策却说："太史慈不是那种人。你们放心好了。"并亲自为太史慈设宴送行，握住他的手问："什么时候能完成任务？"太史慈说："不过两个月。"果然过了五十多天，太史慈就率领着浩浩荡荡的队伍回到了孙营。

孙策毫无顾忌地信任太史慈，甚至到了有点犯傻的境界，正是因为这样充分信任下属，才促使他们死心塌地为他做事，从而最大限度地发挥其才能。

信任下属，实际上也是对下属的爱护和支持。古人云：木秀于林，风必摧之。那些担当拓展、探索者角色的下属，容易受人非议，蒙受一些流言蜚语的攻击，因此领导要信任他们，不时为他们加油打气。那些敢于指出领导错误，提建议、意见的下属，容易引起领导的反感，因此领导要有明辨是非的判断力，不能怀疑他们。那些工作勤勉努力但不小心犯了错误并努力改正的下属，领导的信任就是他们最后的精神支柱，柱倒而屋倾，在此种状态下，领导者切不可轻易动摇对他们的信任。

第五章　遵义

注曰：遵而行之者，义也。

王氏曰： 遵者，依奉也。义者，宜也。此章之内，发明施仁、行义，赏善、罚恶，立事、成功道理。

现代解读： 孔子教诲世人，富有而彬彬有礼；孟子告诫世人，图致富也要施行仁义。施行仁义的人可以保持幸福而消除灾祸，富有却不骄纵无礼的人完全可以保持已有的成就，避免失败。

【原文】

　　以明示下者暗，有过不知者蔽，迷而不返者惑，以言取怨者祸，令与心乖者废，后令缪前者毁，怒而无威者犯，好众辱人者殃，戮辱所任者危，慢其所敬者凶，貌合心离者孤，亲谗远忠者亡，近色远贤者惛（hūn），女谒（yè）公行者乱，私人以官者浮，凌下取胜者侵，名不胜实者耗。

　　略己而责人者不治，自厚而薄人者弃废。以过弃功者损，群下外异者沦，既用不任者疏，行赏吝色者沮，多许少与者怨，既迎而拒者乖。薄施厚望者不报，贵而忘贱者不久。念旧怨而弃新功者凶，用人不得正者殆（dài），强用人者不畜，为人择官者乱，失其所强者弱，决策于不仁者险，阴计外泄者败，厚敛薄施者凋。

　　战士贫、游士富者，衰。货赂公行者昧。闻善忽略、记过不忘者，暴。所任不可信、所信不可任者，浊。牧人以德者集，绳人以刑者散。小功不赏，则大功不立；小怨不赦，则大怨必生。赏不服人、罚不甘心者，叛。赏及无功、罚及无罪者，酷。听谗而美、闻谏而仇者，亡。能有其有者安，贪人之有者残。

【译文】

　　总是向人显示聪明的人，其实很愚蠢；有过错而不能反省的人，必会陷入愚昧；陷入迷途而不悔改的人，必然迷惑错乱；因言语招致怨恨的人，必然遭祸；发的命令与心里想法不一致的人，最终必然废亡；所行号令前后不一的人，必然毁掉其威信；发怒却没有威严的人，必然会受到侵犯；喜欢当众侮辱别人的人，必然要遭殃；对自己部下过分责难的人，容易处于危险的境地；怠慢受敬重的人，必然会招致不幸；表面上相合而心里相背的人，必然会势孤；亲奸馋、远忠良的人，必然遭灭亡的厄运；亲近女色、疏远贤者的人，必然昏庸无能；女子干政，必然会使社会产生动乱。按照私心来授予官职的人，必然会误国废事；欺凌属下、以势压人的人，必将受到属下的侵犯；名不符实的人，虽耗尽精力，亦不能办好事情。

对己宽容而对别人求全责备的人，什么事情也办不好；对己宽厚而对别人刻薄的人，必将被人所唾弃。因为属下微小的过失就忽略其功劳的人，必将大失人心，最后损害其自身利益；上下离心，内外异志，必定沦亡；任用属下却不加以信任，必然导致上下关系疏远；奖赏属下时吝啬小气，则会令人沮丧、失望；许诺多，实际兑现少，必然招致众人的埋怨；起初热情欢迎，之后又拒人的做法，必然会使双方的情义断绝。总想用小恩惠换大回报的人，必不能得偿所愿；富贵之后就忘了贫贱时的情景，这样的富贵必不会长久。对别人的旧恶耿耿于怀，对其新立功勋却视而不见，这样的人必将遭遇凶险；任用不正直的人，必将产生危险；勉强用人，一定留不住人；任人为官却徇私舞弊，则必将导致政事混乱；失去自己的优势，强者就变成了弱者；做决策时向不仁德的人咨询，会招致危险的处境；隐秘的计划被泄露出去，则会导致事情失败；横征暴敛、薄恩寡施，必将导致社会涣散。

战士出生入死却生活贫困，享乐之徒无所事事却安享富贵，这样国势一定会衰败。贿赂政府官员成风，则社会政治必然昏暗不明。对别人做的好事不加重视，对其错误却耿耿于怀，这样的人乃粗暴之人。任用的人不被信任，信任的人却不能胜任其职，这样必定导致政事混浊。依靠道德来教化臣民，则臣民必将聚集在他的周围；若依靠刑罚来维持统治，则将导致人心离散。对小功劳不加以封赏，则不能产生大功劳；对小埋怨不宽恕，则必将产生大怨恨。行赏不能服人，处罚不能使人甘心，则必将引起叛乱。无功之人受赏，无罪之人受罚，这就是苛酷。听到甜言蜜语就十分高兴，听到逆耳忠言就心生怨恨，这样必然会导致灭亡。每个人满足于其所拥有的，则社会安定有序；若人人贪得无厌，想要别人所拥有的，则社会变得残酷，动荡不安。

为人智慧

心性是需要时时修剪的树苗

关于"迷而不知返者惑"，北宋张商英认为，此句意在劝诫人们莫玩物丧志。沉迷于不良嗜好的人终一事无成。的确，人生于天地之间，要想成就一番大事业，就必须不断战胜人自身所具有的各种劣根性，克服各种不良嗜好，严格自制。只有时时修剪心性之苗，对其约束，它才能健康成长。

自制是成功者的共同特征，但许多的人不能约束自己，不能把自己的精力全部投入到他们的工作中，完成自己伟大的使命，这可以解释成功者和失败者之间的区别。

14世纪，有个名叫罗纳德三世的贵族，是祖传封地的正统公爵，他弟弟反对他，把他推翻了。弟弟需要摆脱这位公爵，但又不想直接杀死他，便想了个办法。罗纳德三世被关进牢房后，弟弟命人把牢房的门改得比以前窄一些。罗纳德三世身高体胖，胖得出不了牢门。弟弟许诺，只要罗纳德能减肥并自己走出牢门，就不仅能获得自由，连爵位也能恢复。可惜罗纳德不是那种有自制能力的人，他无法抵挡弟弟每天派人送来的美食的诱惑，结果不但没有减肥，反而更胖了。最终，他被困死在一间没有上锁的牢房里。

因为没有自制力，罗纳德三世被关在牢房中，只能一直当囚犯到死。一个人没有自制力，可能一生都走不出失败的牢笼；反之，一个人能够很好地约束自己，才能造就机遇，造就成功。正如传记作家兼教育家托马斯·赫克斯利所说："教育最有价值的成果，就是培养了自制力，不管是否喜欢，只要需要就去做。"有了自制力，才能有掌控人生的可能。

秦朝末年，陈胜、吴广在大泽乡揭竿起义以后，各地的英雄豪杰纷纷响应，没多久反秦的风暴席卷了大半个中国。公元前206年，刘邦领兵最先进了秦朝的首都咸阳。都城中恢宏壮丽的建筑群、奢华无比的陈设、数以千计的美丽宫女，让刘邦高兴得头晕目眩，忘乎所以。刘邦正浮想联翩之时，他的部将樊哙闯了进来。樊哙一见刘邦那神不守舍的样儿，便直着嗓子喊了起来："沛公！""什么事？"刘邦头也不回，心不在焉地问道。樊哙说："你是要打天下还是只想当个富家翁？""我当然想打天下。"刘邦口中说着，眼睛却没有离开婀娜娇羞的宫女。樊哙说："臣下跟着沛公进了秦皇宫，您留意的不是珠玉珍宝，就是美女，而这正是秦朝皇帝丢失天下的原因。沛公留此，就是重蹈亡秦的覆辙！恳请沛公立即出宫，到郊外驻扎。"

刘邦很不高兴地说："我们从关东打到关中，太累了。我只想在这儿歇几天，你就把我比作亡国的秦朝皇帝，真是胡说八道！"樊哙又急又气，找来张良。张良对刘邦说："沛公，您想过没有，您是怎样得以进入这座宫殿的？"刘邦说："是举义旗，兴义兵，一路攻杀进来的。"张良说："正是秦朝君臣荒淫无度触怒了天下的老百姓，才使您得到举义旗、兴义兵的机会啊。秦朝皇帝因为骄奢失去了民心，沛公想取秦而代之，就要反其道而行，以节俭来争取民心。现在，我们的人马刚刚进入咸阳，沛公就带头享乐，老百姓会怎么看？他们会认为我们与秦朝君臣是一丘之貉，就会转而憎恨我们、反对我们。失去民心，您就失了天下啊！"刘邦闻之悚然。

人难免会产生放纵自己的念头，而控制自己则需要下一番功夫。学会控制住自己的各种欲望，才能不被欲望所诱惑，才能有理智清醒的头脑。李嘉诚说："自制是修身立志成大事者必须具备的能力和条件，希望每个人都能做到自制。"而那些沉溺在欲望当中不能自拔的人，必然会颓废不振，空耗一生。

莫在失去目标的人生中沉沦

世事难料，纷乱的世界中有人常常会失去人生目标，陷入迷途。如果在这个时候无法振作，就会如黄石公所言"迷而不知返者惑"。这样的人最终会陷入迷途。就好像胡适先生曾在一篇文章中说到的："少年人的理想主义受打击之后，反动往往是很激烈的……我在新公学解散之后，得了两三百元的欠薪，前途茫茫，毫无把握，哪敢回家去？只好寄居在上海，想寻一件可以吃饭养家的事。在那个忧愁烦闷的时候，又遇着一班浪漫的朋友，我就跟着他们堕落了。"

胡适在《四十自述》中回忆，1909年各地学生运动陆续失败，中国新公学也与中国公学合并了。他和几个朋友意气消沉，离开了学校，在外租了房子，靠索债、借债、典质衣物为生。

那是胡适生命的沉沦期。跟着那帮"浪漫的朋友"，不到两个月，什么打牌、吃花酒，胡适都学会了。他的生活一片混乱，学问没进步，只写了《酒醒》《纪梦》之类的几首诗。后来，王云五介绍胡适去华童公学教国文，不过胡适放荡的生活依然没有结束。

一天夜里，朋友们又约胡适去喝酒，酒后还一起打牌。回去的路上，拉车的见胡适大醉，就把他推下车去，拿走了他的马褂和帽子。

胡适东倒西歪地在路上走，遇到一位巡捕。他向巡捕问路，随即撒起酒疯，巡捕只好吹哨子，叫来了一部空马车，由两个马夫帮忙捉住他送到了巡捕房。

第二天早晨胡适醒时，发现身上没盖被子，只盖着一件潮湿的囚衣，急忙起来。当他看到铁栏和巡捕，才知道进了巡捕房。

胡适被送去审讯，因为是华童公学的老师，法官给留了面子，只罚款五元。

这件事给胡适触动很大，他第一次对自己几个月的放荡生活进行了反省，最终决定打起精神从头开始。

他与那帮不上进的朋友断了交往，闭门读书，考上了"庚款"留美官费生，开始了海外求学之路。

胡适与不好的朋友结交，学坏堕落，是可耻的；然而他年纪轻轻就迷途知返，并奋而向更高的目标努力，却让人敬佩。这个故事让我们看到了一个真实的、与普通人一样懦弱的胡适，也让我们看到了一个拼搏向上、不向堕落的生活妥协的胡适。

遇到挫折并不可怕，谁都会遇到不如意的事情。强者与弱者的区别：君子知而必改，小人迷无所知。没有人能安享一帆风顺的人生，总是会在一生中遇到各式各样的挫折。即使是少年得志、一生严谨积极的胡适也曾有过堕落的生活。不过，强者与弱者的不同就在于，弱者会被迷茫的人生所淹没，强者却不会在堕落的生活中沉沦醉死，他们会清醒振作，走上新的生活道路。

弱者妥协于生活，而强者挑战生活。人生会经历许许多多的拐点，这些拐点你把握不好是挫折，把握好了就是转折。

道本连自己的名字都不会写，却在大阪的一所中学当了几十年的校工。尽管工资不多，但他已经很满足生活中的一切。就在他快要退休时，新上任的校长以他"连字都不认识，却在校园工作，太不可思议了"为由，将他辞退了。

道本恋恋不舍地离开了校园。像往常一样，他去为自己的晚餐买半磅香肠。但快到食品店时，他想起食品店已经关门多日了。而不巧的是，附近街区竟然没有第二家卖香肠的。忽然，一个念头在他脑海里闪过——为什么我不开一家专卖香肠的小店呢？他很快拿出自己仅有的一点儿积蓄开了一家食品店，专门卖起香肠来。

因为道本灵活多变的经营方式，十年后他成了一家熟食加工公司的总裁，他的香肠连锁店遍及了大阪的大街小巷，并且是产、供、销"一条龙"服务，颇有名气的道本香肠制作技术学校也应运而生。

一天，当年辞退他的校长得知这位著名的董事长识字不多时，十分敬佩地称赞他："道本先生，您没有受过正规的学校教育，却拥有如此成功的事业，实在是太不可思议了。"

道本诚恳地回答："真感谢您当初辞退了我，让我摔了跟头，从那之后我才认识到自己还能干更多的事情。否则，我现在肯定还是一位靠一点儿退休金过日子的校工。"

如果当时道本被辞退后，萎靡不振，就此沦落，等待他的将是什么我们不得而知，不过至少不会有成功的事业。没有几个人是含着金汤勺出生的，大多数的成功者当初所做的就是从困境中崛起。困境可以磨炼一个人，也可以激发他向上发展的勇气和潜力。在困境中，当一个人被逼得退无可退、无路可走时，他往往会想出办法来自救，无形之中反而促成了人生的辉煌。

有许多人能抓住机会而成功，还有更多的人没有抓住机会而啜饮人生的苦酒。胡适总是对人传达这样的思想：不要在渺茫的人生中沉沦，要时刻记得奋发向上的决心。苦海无涯，要想出头，就得奋力挣扎。苦海中没有渡人的舟，若在苦海中茫然呆坐，是等不来救助的，只能等到灭顶的沉没。

有过能改即有福

有句古话叫"知耻近乎勇"。从迷途中一步步走出来，你依然能寻觅到正确的人生之路与幸福的踪迹。莎士比亚说："一个人知道了自己的短处，能够改过自新，就是有福的。"如果有了过失却不及时纠正，那就如同黄石公所言"有过不知者蔽"，是个愚昧之人。

三国时期吴国有个名叫周处的人。他的父亲是吴国鄱阳太守周鲂。周处还没到二十岁就臂力过人，到处惹是生非，打架斗殴，横行乡里，当地的百姓都很讨厌他。当时，老百姓将村子旁边河中的蛟龙、山上的白额虎和周处并称为"三害"。

后来有人问周处："既然你这么有本事，何不去杀死蛟龙和猛虎，证明一下你的实力呢？"周处听了，为了证明自己比蛟龙和猛虎更厉害，决定去和蛟龙、猛虎搏斗。他上山击毙了猛虎，又下河去斩杀蛟龙。经过三天三夜，他终于将蛟龙杀死了。周处三天三夜没有回来，乡亲们都以为他已经死了，高兴地互相庆祝。正在此时，周处提着蛟龙的头回到村里。他看到乡亲们互相庆贺，这才明白，自己已经被大家痛恨到了极点。于是，他痛改前非，最后成为一个清廉的好官，被父老乡亲称颂。

人人都有犯错的时候，关键在于不要重犯同一个错误。这样不但会使自己的自信心受挫，而且别人也会对你丧失信心，不再给你机会了。不在错误中找到实质原因，你的道路将越走越窄，最终进入死胡同；倘若一犯错便能痛定思痛地反省，及时纠正错误，你的道路将越走越宽。人非圣贤，孰能无过？我们应该勇于承认自己犯的错，并且努力去改正，以免下次犯同样的错误。

唐太宗李世民常常对官员们说："我如果刚愎自用，自以为比别人聪明，你们一定谄媚我。一旦我失去国家，你们也活不了。因此，你们一定要以国家为重，为把国家建得更美好，多进言进策啊。"他这样说，也这样做，他的大臣们也因此敢于提出意见。

有一次唐太宗下令：男子不满十八岁，若体格健壮也应当兵。魏徵为此提出疑虑。唐太宗说："奸民总是逃避兵役，所以故意少报年龄。"魏徵说："你常以诚信待天下，要人民不可欺诈，你却先失去诚信。"唐太宗一脸愕然。魏徵接着说："你不以诚信待人，所以先疑心人民欺诈。"唐太宗立即收回了命令。

还有一次，唐太宗的儿子李恪打猎时伤了农民的田苗，被御史柳范弹劾。唐太宗责备李恪的长史权万纪，认为权万纪不能规劝李恪，罪应处死。柳范进言："房玄龄还不能阻止您打猎，怎么能单单责备权万纪呢？"唐太宗大怒回宫。过了很久唐太宗才平息了怒气，发现自己不对，于是马上召见柳范，奖励了他。

承认错误，就意味着否定自己不正确的言行。唐太宗能够承认自己犯错的勇气令人钦佩。知道自己错了，如果能勇于承担，那么你还有挽回的余地。虽然这并不容易，需要很大的勇气，但这是唯一不让错误变得更为严重的做法。

其实，**承认错误就好像一个人在路上走，当发现自己走错路时，很自然就要寻找正确的路**。问题在于有的人宁愿一错再错，这样的人实际上是真正的懦弱者，只有勇敢的人才能坦诚地面对自己的错误并想办法纠正。

处世智慧

为富贵不可不仁义

富贵者应该记住黄石公在《素书》中对世人的提醒："凌下取胜者侵。"意即倚仗自己的财势欺侮弱势的人，必然会走上毁灭之道。这也应了一句俗话："多行不义必自毙。"

春秋末期，晋国的大权被智伯瑶、魏桓子、赵襄子和韩康子四位卿大夫掌握着。后来，四位卿大夫之间发生了矛盾，势力最大的智伯瑶倚仗自己的势力胁迫其余三家各将方圆一百里的土地交给晋国公。韩、魏两家自知势力逊于智家，无法与之抗衡，为了绝后患，不得不忍气吞声地交了出来；但赵襄子不愿屈服，便以维护祖先的基业为借口，拒绝了智伯瑶的要求。

智伯瑶为此恼羞成怒，于是联合交出了土地的韩、魏两家共同发兵攻打赵家。赵家也不示弱，由赵襄子亲自率领兵马坚守在晋阳城内与之抗衡。

晋阳城中有充足的粮草，且城中百姓十分痛恨智伯瑶恃强凌弱的卑劣行径，为了捍卫自己的领土，几乎全城皆兵，支持赵襄子。

面对城外智、韩、魏三家的重重围攻，晋阳城内军民同心协力抵抗，斗志昂扬，坚守了两年多。

晋阳城久攻不下，令智伯瑶头疼不已，凶残狡诈的他想出了一个办法：命士兵们将晋河改道，让河水直冲晋阳城，准备水淹晋阳城。此计实施后，晋水淹没了大半个晋阳城，眼看晋阳城将毁于一旦。满心欢喜的智伯瑶以为这次一定能让赵襄子投降，攻下晋阳城，并将之据为己有。可是面对如此险境，晋阳城中的军民依然没有一人肯出城投降，这使他的如意算盘落了空。

虽然城中军民仍誓死抵抗，可晋阳城却已是危城一座，破城在即，危在旦夕了。

智伯瑶眼见就要取得胜利不免得意忘形起来，肆无忌惮的他无意中说出了在日后必要时，将用同样的方法消灭韩康子和魏桓子两家的话。

说者无心，听者有意。韩康子与魏桓子为此不寒而栗，思之再三，唇亡齿寒的道理终于使韩康子和魏桓子两家下定决心反戈一击。于是他们暗中与被围困在晋阳城中的赵襄子商量好，以其人之道，还治其人之身，将晋水反引入智家的营寨中，里应外合攻打智伯瑶的兵马。

最后，智伯瑶被杀，其所有的土地及人口由赵、韩、魏三家平分了。形同虚设的晋国国君也被赵、韩、魏三家的后代废除，取而代之的则是赵、韩、魏三国。这就是历史上有名的"三家分晋"。

智伯瑶在当时虽是势力最强大的一家，却因凶残霸道，最终走上自取灭亡的不归路。"千古一帝"的秦始皇，横扫六国，一统江山，天下财富皆归于他。为了满足自己的奢欲，秦始皇在首都附近大兴土木，建造阿房宫，修造骊山墓，民夫徭役者竟达七十万人以上。据记载，阿房宫的前殿东西宽达七百多米，南北差不多一百一十五米。殿门用磁石砌成，目的是防止来人带兵器行刺秦始皇。史称秦始皇构建的宫室遍及咸阳内外二百里，共二百七十座，复道相连。

修建这样庞大的工程当然需要大量的劳力、物力、财力。据估算，当时服兵役的人数远远超过二百万，占当时壮年男子人数的三分之一以上。庞大的工程开支加上庞大的军费开支，造成了"男子力耕不足粮饷，女子纺绩不足衣服。竭天下之资财以奉其政"的悲惨局面。民不聊生，老百姓过着"衣牛马之衣，而食犬彘之食"的痛苦生活。最终，他的万世皇帝梦只维持了短短十五年。

元代许名奎《劝忍百箴》中说："富而好礼，孔子所诲；为富不仁，孟子所戒。盖仁足以长福而消祸，礼足以守成而防败。怙富而好凌人，子羽已窥于子皙；富而不骄者鲜，史鱼深警于公叔。庆封之富，非赏实殃；晏子之富，如帛有幅。去其骄，绝其奢，惩其贫，窒其欲，庶几保九畴之福。"

这段话的大意如下。富有了也要好礼不骄，这是孔子对人的教诲；即使有钱有势也不能做不仁不义之事，这是孟子对人的告诫。富有且有仁爱之心就可以长久幸福而消除灾祸，富有而能以礼待人就可以保持已有的成就而防止失败。自恃富有而喜欢欺侮别人，结局不会好，正如子羽已察觉到子皙的结局；富有而不骄傲的人很少，史鱼曾对公叔文子提出严肃的警告。庆封的富有不是上天的恩赐而是灾祸；晏子的富有如同布帛那样有一定的限度。舍弃骄傲，根除吝啬，控制怒气，节制情欲，这样才能确保享受人间的福分。

沉默是金的处世哲学

《素书》表达了沉默是金的处世哲学，因为黄石公说："以言取怨者祸。"的确，自古以来因说话不慎招致灾祸的人并不在少数。在不该说话的时候非要说话，必然会招惹麻烦。

在现实生活中，不善言谈的人容易给人以厚道的印象。不善言谈的人，保持了他内心世界的秘密。这就是沉默的力量。沉默能显示一个人的深邃，一个人的修养，一个人的学识。话不在多，关键是分量，是恰到好处的沉默。

梁实秋先生在《沉默》中说："居贵之士多半有一种特殊的本领，两眼望天，面部无表情，纵然你问他一句话，他也能听若无闻，不置可否。……所谓贵，一定要有一副高不可攀的神情，纵然不拒人千里之外，至少也要令人生莫测高深之感。""沉默是金"事实上是一种修养，一种处世之道。

苏格拉底是古希腊哲学家，聪颖异常，机智善辩。一天，有位年轻人来找苏格拉底，说是要向他请教演讲术。年轻人为了表现自己，滔滔不绝地讲了许多。待他讲完，苏格拉底说："可以考虑收你为学生，但要收你双倍的学费。"年轻人很惊讶，问苏格拉底："为什么要加倍呢？"

苏格拉底说："我在教你怎样演讲之前，必须给你加一门课，那就是怎样闭嘴。"

苏格拉底不喜欢滔滔不绝的人，他说："神给了我们两只耳朵，而只有一张嘴，显然是希望我们多听少说。"庄子也说："天地有大美而不言，四时有明法而不议，万物有成理而不说。"庄子本人虽然好学深思，富有雄才大略，但是他不爱说。庄子一旦说起来，也并非慷慨激昂、豪气冲天，而是通过身边的小故事，让对方心领神会。

北宋初南唐广陵人徐铉以学识渊博和通达古今而闻名于世。有一次，南唐派徐铉去纳贡，照例要由北宋朝廷派官员作陪伴使。北宋宰相赵普不知选谁为好，就去向宋太祖请。宋太祖想了想，令殿前司写出十个不识字的殿中侍者的名字，宋太祖御笔一挥，随便圈了其中一个名字说："这个人就可以。"这使在场的所有官员都大吃一惊。赵普也不敢再去请示，就催促那侍者马上动身。那位侍者得不到任何明确指示，只好莫名其妙地前去执行命令。

一见面，徐铉就滔滔不绝，口若悬河，所有人都叹服他的能言善辩。那位侍者大字不识，当然无言以对，只好频频点头称是。徐铉不知他深浅，搜肠刮肚、喋喋不休地说，想让他与之辩论。但是在一起住了好几天，那个侍者无一言相答。徐铉说得口干舌燥，疲惫不堪，只好闭嘴不说了。

实际上，当时北宋朝廷上有陶毅和窦仪等博览群书的大儒，说起论辩之才，未必就输给徐铉。但宋太祖作为大国之君，接待小国使臣时，没有派他们去和徐铉争口舌之长短。因为两强相争，谁也不会服谁，反而有失大国体面。

可见，在生活中，我们不能过分地依赖雄辩的作用，有很多纠葛与问题，靠滔滔不绝的雄辩解决不了，但是沉默有时候可以轻而易举地为事情画上圆满的句号。

沉默并不是性格内向人的专利。事临头上要三思，话到嘴边留半句，以不变应万变。沉默是人格、品行等的综合表现，是成功的哲学之一。

梁实秋先生曾感慨道："所谓'知者不言，言者不知'。这种沉默不是话到嘴边再咽下去，是根本无话可说。在有发言自由的时候而甘愿放弃这一项自由，这也是个人的自由。在如今这个时代，沉默是最后的一项自由。"

请利用好自己"自由"的权利，守望一方难得的宁静。在宁静来临时，轻轻合上门窗，隔去外面喧嚣的世界，默默独坐在灯下，平静地等待身体与心灵的一致，用自己的思想去解读世间百态，思考人生历程。宁静成了享受，在宁静中聆听沉默的音符，感受灵魂深处的自由。

舌乃斩身刀，藏舌缄口免伤身之祸

了解"以言取怨者祸"的道理后，我们就必须谨言慎行，才能避免麻烦。其实，一个人说得越多，反而可能被他人发现更多的缺点不足，这样他所能掌控的也就越少。因为说得越多，不小心说出蠢话的可能性也就越大。与别人谈话时，必须讲究方圆曲直，该说的说，不该说的就不要说，否则口无遮拦，很容易让自己陷入危险境地。

纪晓岚中进士后，当了侍读学士，陪伴乾隆皇帝读书。

一天，纪晓岚起得很早，进宫后等了很久，还不见皇上到来，他就对同来侍读的人开玩笑说："老头儿怎么还不来？"

话音刚落，只见乾隆已到了跟前。因为他今天没有带随从人员，又穿着便服，所以没有引起大家的注意。皇上听见了纪晓岚的话，很不高兴，就大声质问："'老头儿'三字作何解释？"

旁边的人见此情景都吓了一身冷汗。纪晓岚也吃了一惊，说这话本无心，但却被皇上听到了，且还当着众臣的面。纪晓岚突然灵机一动，战战兢兢地说："万寿无疆叫作老，顶天立地叫作头，父天母地叫作儿。"

乾隆听了这个恭维的解释，才转怒为喜，不再追究了。纪晓岚这才把提到嗓子眼的心放下。

虽然这只是民间传说，我们无须去考证真实性，但它给我们带来一个启发：即使你是铁嘴铜牙，说话也不可口无遮拦。

言语谨慎对一个人立身、处世具有很重要的意义。处世戒多言，多言必失。与世人相处切忌多说话，说话太多必然有失误。说话犯了随便胡扯的毛病就会使听者觉得荒诞不经；说话犯了啰啰唆唆的毛病就会使听者觉得支离破碎，不得要领。说话不小心会招致祸患，行动不谨慎会招来侮辱，君子处世应当谨慎。因此，《论语》里说："君子欲讷于言而敏于行。"

提起宰相"刘罗锅"刘墉，人们脑海里会立刻出现一个聪明机智、正直勇敢、不失几分幽默的人物形象。他凭着正直和聪明周旋于危机重重的封建官场，左右逢源，游刃有余。但很少有人知道，刘墉也曾遭遇重大挫折，受到乾隆皇帝的申斥，本该获授的大学士一职也旁落他人。究其原因，不过是刘墉守口不密，说话不周，酿成了祸患。一次乾隆谈到一位老臣去留的问题，说若老臣要求退休回原籍，乾隆也不忍心不答应。刘墉便将这话泄露给了老臣，而老臣真的面圣请辞。乾隆大为恼火，认为这是刘墉觊觎补授大学士的明证，是"谋官"的明证，因而训斥他一通，将大学士一职改授他人。

武则天所著的《臣轨·慎密》中认为：嘴巴好比一道关卡，舌头好比射箭的弩机，一句不妥当的话说出去，即使用四匹马拉一辆车那么快的速度也不可能追回来。嘴巴和舌头犹如一柄双刃剑，一句话说得不恰当，就会反过来伤害到自己。因为话虽然是自己说的，别人既然听到了，你就无法阻止他人去传播，由此所带来的影响你根本无法控制。刘墉由于说话不慎，而将可以到手的大学士一职弄丢了，这就是最好的明证。

"言多语失"，因此说话要小心谨慎，舍弃那些不可说的话。即使是可说的话也应该按需要的程度，能省则省。要知道，虽然有时你说话并无恶意，但对听者而言，却可能伤及他的自尊心。诸多事实证明：说话得体，让人高兴；反之，只会让人伤心或不满。就是同一个意思的话，出自两个人之口，听起来也有区别。你信口开河，根本意识不到会伤害人，但别人却认为你是有意的，如俗话所说"口乃心之门"，觉得你明显是故意伤害他。很多不爱多说话的人，他内心并不是糊涂得无话可说，而是他明白话说多了鲜有不败事的道理。

日常生活中，一个人光说不做，无论说的话多么冠冕堂皇，久而久之，只会让人生厌。多说话往往给人以夸夸其谈的印象，倒不如少说话和踏踏实实地多做事，则让人感觉勤奋踏实，值得信任。一个人只有做行动上的巨人，少言多思，才能取得成功。

管理智慧

认准人才就要大胆地使用

就用人而言，重要的不仅是善于识别其长处，而且要敢于大胆地使用。有时候企业管理者虽然肯定员工的能力，但出于种种顾虑并不委以重任，从而出现了黄石公所说的"既用不任"的现象。"既用不任"就好像一个请客吃饭的人在客人到达后又用借口将人赶走。管理者的这种"既迎而拒"的做法在黄石公眼中是乖戾的表现，怎么可能不让人才心生怨恨呢？

之所以会出现对人才"既用不任""既迎而拒"的现象，通常是由于管理者的戒心。正所谓妒能"毁"人。有些领导功名心和虚荣心十足，容不得别人超过自己，对有才能的人大加压抑和冷落，宁愿舍弃良材而重用朽木，使能者被压在底层，平庸者反而青云直上。有的领导者为彰显自己，一味地压制别人，抬高自己，把自己看作"小人国"中的巨人。这种"武大郎开店——比我高的不用"的心理意识，狭隘至极，危害极大。在黄石公看来，这样做的结果会让人才疏远管理者，企业最终也将失去栋梁之材。

然而，管理需要理性。管理者如果不能正确对待自己的情感，在管理工作中被情绪所主导，那么管理工作就会进入误区，甚至是管理失效。尤其是在人员任用和提拔上，管理者一定要理智地按照德才标准选拔，如果符合晋升的标准，就算是不喜欢的员工也要提拔。

柯克和小沃森是老对手，伯肯斯托克则是柯克的心腹下属，IBM的上上下下都知道这些。柯克刚刚去世，所有人都认为伯肯斯托克在劫难逃。伯肯斯托克本人也这么认为，因此他破罐破摔，心想与其被小沃森赶跑，不如自己先辞职，这样还能够走得体面些。

一天，IBM的总裁小沃森正在办公室里，伯肯斯托克闯了进来，并大声嚷道："我什么盼头都没有了。干着一份闲差，有什么意思？我不干了。"

现在的小沃森与当年的老沃森一样，脾气都非常暴躁。如果一个部门经理这样无礼闯入，按照平时的习惯，他一定会毫不客气地让伯肯斯托克出去。但令人意外的是，小沃森不但没有发火，反而笑脸相迎。

他知道，伯肯斯托克是一个难得的人才，比刚刚去世的柯克还要胜一筹，留下来对公司有百利而无一害。尽管伯肯斯托克曾是柯克的下属，是柯克的好友，并且性格桀骜不驯。从这一点来看，小沃森不愧是用人的专家，他知道什么时候该发火，什么时候不该发火，对伯肯斯托克就属于后一种情形。

小沃森对伯肯斯托克说："如果你真的有能力，那么不仅在柯克手下能够很出色，在我和我父亲手下也照样能够成功。如果你认为我对你不公平，你可以走人；如果不是这样，那你就应该留下来，因为 IBM 需要你，这里有你发展的空间。"

伯肯斯托克扪心自问，觉得小沃森对他不错，并没有像别人想象的那样柯克一死就收拾他。于是，伯肯斯托克留了下来。

事实上，小沃森留下伯肯斯托克是极其正确的。小沃森在大力准备使IBM进军计算机业务时，曾受到公司高层的极力反对，只有伯肯斯托克全力支持他。正是有了伯肯斯托克与小沃森的共同努力，IBM才能突破重重难关，才有了今天的辉煌。小沃森后来在回忆录中说："挽留伯肯斯托克，是我最有成就的行动之一。"

小沃森不仅留下而且还重用了伯肯斯托克。在小沃森执掌IBM帅印期间，他还提拔了一大批他不喜欢，但是具有真才实学的人。他回忆说："我总是毫不犹豫地提拔我不喜欢的人，那些讨人喜欢的人可成为我一道外出垂钓的好友，但在管理中却帮不了我的忙，甚至给我设下陷阱；相反，那些爱挑毛病、语言尖刻、几乎令人讨厌的人，却精明能干，在工作上对我推心置腹，能够实实在在地帮助我。如果我把这样的人安排在身边，经常听取他们的意见，是十分有利的。"

对人才多鼓励、少埋怨，多理解、少责备，充分授权、充分信任，才能调动人才的积极性、主动性，实现"智者尽其谋，勇者竭其力，仁者播其惠"。

大胆引进人才、放手使用人才、知人善任，这是世界优秀企业发展壮大的不二法门。

机关不可算尽，表现聪明要适度

《素书》中说："以明示下者暗。""暗"这里有愚昧之意。处处显示自己的聪明，反倒是一种愚昧的做法。自古至今，聪明有才能的人比比皆是。和珅有才能，官至文华殿大学士，同时挣得家财白银八亿两，但因为机关算尽太聪明，到头来"百年原是梦，卅载枉劳神"，不仅八亿两白银入了国库，小命也被要了去。

《红楼梦》中的王熙凤，可谓众人皆知。

王熙凤何等冰雪聪明，简直就是女人中的极品，恐怕这世上有很多男人都不及她。她八面玲珑，九面处世，外柔内刚；她笑里藏刀，表面向你微笑，心里却在给你下套子。一个图上她美色的贾瑞被她的计策整得一缕孤魂上青天；一个看上她老公的尤二姐被她的两面三刀给逼得吞金自尽；而她的"偷梁换柱调包计"李代桃僵，则送掉了林黛玉的性命。

至于王熙凤的能耐，大得能登天，荣宁二府的一众人马在她的整治下服服帖帖，秦可卿出殡这样的大事到了她手里简直是小菜一碟。她能说会道，贾府上下无不忌惮她这琏二奶奶。

可王熙凤却是一个精明过火的女人，精明得处处好强、事事争胜，哪儿都落不下她，终于得罪了大太太。加之贾母撒手人寰，她的靠山没了，最终她病死在贾府。

为人处世，是精明一点儿好，还是糊涂一点儿好？各人有各人的回答。有时还是"糊涂"一点儿好，当然这种糊涂并不是真的糊涂，而是希望我们学会一点儿大智若愚的技巧，避免一些弄巧成拙的尴尬。

古语有云："鹰立如睡，虎行似病。"这是动物中的强者准备取食的高明手段。由此联想到人，君子要聪明不露，才华不逞，才有任重道远的力量。这大概与"藏巧于拙，用晦而明"有异曲同工之妙。

一般说，人性都是喜直厚而恶机巧的，而胸怀大志的人，要达到自己的目的，还是要灵活处世。

唐初的重臣李勣，本是李密的部下；后随故主投于李渊父子的麾下。此时天下大势已趋明朗。李勣懂得只有取得李渊父子的绝对信任才有前途，于是他把"东至于海，南至于江，西至浊州，北至魏郡"的所据郡县土地人口图派人送到关中，当着李渊的面献给李密，并说既然李密已决心投降，那他所据有的土地人口就应随主人归降，由主人献出去，否则自献就是自为己功、以邀富贵，属"利主之败"的不道德行为。

李渊在一旁听了，十分感动，认为李勣能如此尽忠故主，必是一个忠臣。李勣归唐后，很快得到了李渊的重用。但是李密降唐后又反唐，事未成而"伏诛"。

按理说，一般的人到了这个时候，避嫌犹恐过晚，但李勣却公然上书，奏请由他去收葬李密。正因其"公然"，才更显他的"高风亮节"，假设偷偷摸摸，则可能会有相反的效果。"服缞（cuī）绖（dié），与旧僚吏将士葬密于黎山之南，坟高七仞，释服而散，朝野义之。"这纯粹是做给活人看的。表面看这似乎有碍于唐天子的面子，是李勣的一种愚忠，实际李勣早已料到这一举动将收到以前献土地人口同样的神效。果然"朝野义之"，都认为他是仁至义尽的君子，从此李勣更得朝廷推重，恩及三世。

李勣取的是一种"负负得正"的心理效应，符合人们一般不信任直接的甜言蜜语，而相信一个人与他人相处时表现出来的品质——侧面观察的结果，尤其符合人们一种普遍心理，即喜爱那些远离忘恩负义、趋吉避凶、奸诈易变而表现出大丈夫气概的人。李勣换主而伺，却高调收葬原来主人，看似直中之直，实则大有深意，这是"藏巧于拙"做人成功的典型。

诗人李白的《梁甫吟》中有"大贤虎变愚不测，当年颇似寻常人"的诗句。意思在一些特殊的场合中，人要有猛虎伏林、蛟龙沉潭那样的屈伸变化之胸怀，让人难预测，这样才可在此期间从容行事。很多时候一个人再有龙虎之才，也不能表现无遗，而当常"拙行"，以示忠心，方可灵活容身，屈伸自如。

在现实生活中，有许多领导者爱玩弄聪明，总觉得自己比他人精明，结果聪明反被聪明误，到头来功败垂成。

古语有云："人者，先愚后智，大智也。""大智若愚"被普遍认为是管理智慧中最高、最玄妙的境界。从字面上理解，"大智若愚"即最高的智慧接近于没有智慧，接近于木讷，接近于"愚"。

其实"愚"是一种做人的智慧，包含了知、情、意三个方面的综合体现。在"知"的方面，"愚"就是承认人的认识的有限性，不过分依靠和卖弄自己的智慧。勿恃小智，勿弄奇巧，息竞争心，包含了大智若愚、藏巧于拙、顺其自然、无为而治、谨言慎行、因势利导、精益求精、善于其技、虚心纳谏、博采众长、居安思危、留有余地等范畴。在"情"的方面，就是安贫乐道、隐忍退让、息贪婪欲，包含了安守本分，不要凡事强求，淡泊名利，宁静致远，乐天知命等。在"意"的方面，就是淡泊明志、立身端方、守清正节，包含了宠辱不惊、功成不居、严于律己、宽以待人、刚正不阿、洁身自好等。

"大智若愚"是在平凡中表现不平凡，在消极中表现积极，在无备中表现有备，在静中观察动，在暗中分析明。因此，它比积极、比有备、比动、比明更具优势，更能管好人、理好事。

公正是声誉与公信力的来源

黄石公在《素书》中强调了领导者在设官授职时必须以公正作导航，即强调"私人以官者浮"，即设官授职不能出于私心，否则误国废事，官员虚浮不重，事业难成。以公正之心推举官员的人很多，比如《吕氏春秋》中就记载了这样一个人物。

晋平公要祁黄羊推荐南阳县令的人选，祁黄羊推荐自己的仇人解狐。这让晋平公觉得十分不解，以为他在搞什么新花样，便把祁黄羊召过来，问其真实意图。祁黄羊回答："国君，您只是问我谁能担当这个职位，并不是问我的仇人是谁。"晋平公觉得他说得很有道理，便用了解狐当县令，举国上下都称赞这个任命。

不久后，晋平公又问祁黄羊谁能担任太尉一职，祁黄羊这次推荐了他的儿子祁午。晋平公一听，又觉得不解，认为他有私心，立即询问他为何会推荐他的儿子。祁黄羊回答："您只是问我谁能担任太尉一职，并不是问谁是我儿子。"晋平公很满意祁黄羊的回答，于是派祁午当了太尉，后来祁午果然成了能公正执法的好太尉。

这两个历史故事所揭示的道理就是"内举不避亲，外举不避嫌"。孔子听说这两个故事后称赞说："好极了！祁黄羊推荐人才，推荐人不计较私人仇怨，也不排斥亲生儿子，真是大公无私啊！"后来，人们就用"大公无私"，形容完全为集体利益着想，没有一点儿私心，也指处理事情公正，不偏向任何一方。

领导者应该向祁黄羊学习，千万不要因为某人和你不熟就不重用他，更不可由私人交情是否深厚来判断要不要重用一个人。一旦私心作祟，往往就会落人口实，影响自己的声誉和公信力。

历史上的乱政通常有四种情况：宦官篡权、朋党之害、外戚当政与地方势力膨胀。之所以出现这些情况，无非是上位者"私人以官"，其中最典型的就是"为人择官"。为人择官者不问贤愚，不问实际情况，只要是有亲戚或朋友想当官，就算没有这个岗位，或岗位编制已满，他也要新设一个部门或想尽办法把想用的人提拔到岗位上。在这方面，不得不提到唐太宗，他在用人上杜绝了"为人择官"。他的用人智慧真正体现了一个英明领导者应有的素质。

唐太宗的叔叔李神通认为他为唐王朝打了许多重要的仗，立下了汗马功劳，而且又是皇帝的叔叔，在众大臣中他的功劳应该最大。但他听说功臣名单上把他排在后面，心里极为不服气，对唐太宗说："当初，是我首先起兵响应您，跟随您东征西杀，为您夺得皇位立下了大功。可您如今怎么好像把我的功劳全都忘记了似的，竟然将我排在房玄龄、杜如晦这些人的后面！与我们这些在战场上誓死为您拼杀的人相比，他们有什么功劳可言？不过就是舞文弄墨、乱写乱画罢了！"

唐太宗笑了，说："叔叔您虽然首先举兵起义帮助我，可是您忘了，您后来还打了两次大败仗呢！房玄龄、杜如晦他们出主意，想计策，帮我取得了天下，论功劳理应排在您的前面啊。您虽然是我的至亲，可是我不能徇私情加大对您的封赏啊！那样的话，对其他大臣就太不公平了！"听唐太宗这么说，李神通也就不好说什么了。

过了一会儿，房玄龄说："秦王府里的旧人都是皇上的老部下了，那些没有升官的，难免会有一些怨言。"

对此，唐太宗说："国家之所以设立官职，为的就是选拔有才能的人，替老百姓办事。在这方面，绝不能论资排辈。新人有才能的，就要升官赐爵；旧人没有才能的，当然不能提拔。要不然，国家的事情怎么能够处理好呢？"

长孙无忌是唐太宗年轻时候的好朋友，又是长孙皇后的哥哥，有才能又曾立过大功，唐太宗任他为当朝宰相。长孙皇后知道了，怕别人说闲话，就劝唐太宗不要给哥哥那么大的官职。

"你这样想不对。我任用你哥哥，是因为他有做宰相的才干，不是因为他是我的亲戚。"最后唐太宗还是坚持让长孙无忌做了宰相。

任人唯亲是用人之大忌。无数事实表明，任人唯亲、拉帮结伙、互相串通、以权谋私是导致事业失败的重要原因。任用人唯才是用，而不是唯亲，这样才能调动下属的积极性，让企业顺利向前发展。

选人用人时，决不可以徇私舞弊，不可以依据个人好恶决定任用与否，而要以"能否胜任"为准则。"能否胜任"是一个基本前提。领导者不能说："这个人能干是能干，却令人讨厌。"或者说："他虽然没什么本事，却是我欣赏的类型，就让他做科长吧。"领导者一定要把情形搞清楚，就算从心里讨厌他，也要唯才是举，让选人用人公平公正。这是人事工作上的基本要求。唯有不徇私的态度，才能获得下属的接受、协助。

任人唯亲，就是不考虑才能如何，仅仅选用那些与自己感情好、关系密切的人。其表现形式有三。一是"以我画线"。谁赞同我、拥护我、吹捧我，就提拔谁。"顺我者存，附我者升"，把自己领导的部门或公司搞成"一人得道，鸡犬升天"的"封地"。二是"唯派是亲"。凡是帮朋助友，不管是否有德有才，都优先重用。三是"关系至上"。

如何才能做到任人唯贤？领导者必须要把握住两个基本点：

第一要有"公心"。关键在于无私，无私是选贤才的前提。对这点，孔子看得十分清楚。他说：君子对天下之人，应不分亲疏，无论厚薄，只亲近仁义之人。这就是说，在用人问题上，应该不计较个人恩怨、得失，而应考虑国家的利益、民众的利益。

其实质就是在选拔人才时无私心，对能力强于自己、品德贤于自己的人，要加以举荐，或使他来代替自己，或使他居于自己之上。在选才上无私，就是要抛弃个人成见，客观地对他人做出评价，即使心里并不喜欢这个人，也决不以私害公、以私误公，而应毅然选拔。

第二要公而忘私，虚怀若谷，有很高的修养，能够不计较个人恩怨和得失。聪明的中国古代哲人说过："一人得道，鸡犬升天。"尽管一些企业的领导者也反对裙带关系，可是选拔人才时却不自觉地搞亲亲疏疏，其原因就是他们总凭个人的私

欲、私情来选人用人，这就偏离了公正客观的选才标准。这样
发展下去，势必会出现小人得势、贤人失势的局面。

　　"心底无私天地宽"，这是领导者的重要品质之一。只有
领导者具有巨大的影响力，事业才会顺利，才有成功的保障；
而这影响力来源于正气、正义和正派的作风。领导者不要以自
己的权力和地位来谋求私利，而要用权为公。

第六章　安礼

注曰：安而履之为礼。

王氏曰：安者，定也。礼者，人之大体也。此章之内，所明承上接下，以显尊卑之道理。

现代解读："礼"即"理"，是为人做事的规则。俗话说："没有规矩不成方圆。"这里所强调的"规矩"，就是做人和做事的行为准则，就是"理"。它是原则性的东西，是对人生的道德上的指引，它起着一种原则性的约束的作用。因为事情都有其发生发展的规律，只有按照原则做事，按照规矩办事，才能使事情正常进行，才能赢得他人的信任。

【原文】

怨在不舍小过，患在不预定谋。福在积善，祸在积恶。饥在贱农，寒在惰织。安在得人，危在失士。富在迎来，贫在弃时。

上无常躁，下多疑心。轻上生罪，侮下无亲。近臣不重，远臣轻之。自疑不信人，自信不疑人。枉士无正友，曲上无直下。危国无贤人，乱政无善人。爱人深者求贤急，乐得贤者养人厚。国将霸者士皆归，邦将亡者贤先避。

地薄者大物不产，水浅者大鱼不游；树秃者大禽不栖，林疏者大兽不居。山峭者崩，泽满者溢。弃玉取石者盲，羊质虎皮者柔。衣不举领者倒，走不视地者颠。柱弱者屋坏，辅弱者国倾。足寒伤心，人怨伤国。山将崩者下先隳（huī），国将衰者人先弊。根枯枝朽，人困国残。与覆车同轨者倾，与亡国同事者灭。

见已生者慎将生，恶其迹者须避之。畏危者安，畏亡者存。夫人之所行，有道则吉，无道则凶。吉者，百福所归；凶者，百祸所攻。非其神圣，自然所钟。务善策者无恶事，无远虑者有近忧。

重，可使守固，不可使临阵；贪，可使攻取，不可使分阵；廉，可使守主，不可使应机。五者各随其才而用之。同志相得，同仁相忧，同恶相党，同爱相求。同美相妒，同智相谋，同贵相害，同利相忌。同声相应，同气相感，同类相依，同义相亲，同难相济，同道相成。同艺相规，同巧相胜。此乃数之所得，不可与理违。

释己而教人者逆，正己而化人者顺。逆者难从，顺者易行；难从则乱，易行则理。

详体而行，理身、理家、理国可也。

【译文】

怨恨之所以产生，是因为放不下小过错；祸患之所以产生，是因为没有事先仔细谋划。幸福的产生，在于平日积德行善；灾祸的根源，在于多行不义。饥荒之所以产生，是因为不重视农业生产；挨冷受冻，是因为怠于从事桑蚕之业。社会安定在于得到人心，社会危乱则因为失去贤能之人的支持。富贵是由于招来远客，贫穷则因为废弃农时。

领导言行不一，反复无常，则下属必心生疑虑。怠慢长官，必将获罪；侮辱属下，则将失去亲信。如果亲近的大臣得不到重用，则其他关系疏远的大臣也将轻视他们。对自己都不相信的人，绝不会相信别人。相信自己的人，绝不会轻易怀疑别人。奸邪之人必无正直朋友，人品不端的上司也不会有刚正不阿的下属。危机四伏、行将灭亡的国家，绝不会有贤明之人辅政；朝纲混乱、民心浮动的朝廷，绝不会有善人参与。爱惜人才的人，一定求贤若渴；乐得贤才的人，必定给予人才丰厚的待遇。国家即将称霸四方，各地有才能的人都会前来归顺；国家即将灭亡，贤能的人将先行隐退。

土地贫瘠的地方产不了宝物，水浅的地方不会有大鱼游过来；光秃的树木上不会有大禽愿栖息，稀疏的树林里不会有大型野兽居住。山势过于陡峭，则容易崩塌；沼泽蓄水过满，则会漫溢出来。弃美玉而取顽石者，犹如瞎子一般；绵羊即使披上虎皮，也还是柔弱。拿衣服时不提领子，势必把衣服拿倒；走路不看地面，一定会跌倒。房屋梁柱不坚固，屋子将会倒塌；辅佐国政的大臣没有能力，则国家将会倾覆。脚受寒，则心肺受损；人心生怨，则国家受损。山将崩则土质先毁坏，国将亡则人民先受其害。树根干枯则枝叶就会腐朽，人民困苦则国家就会残败。与倾覆的车走同一条轨道的车也会倾覆，与已经灭亡的国家做相同事的国家也将遭到灭亡。

知道以前发生的不幸之事，应该警惕再次发生类似的事；厌恶前人有过的劣迹，就应当尽力避免重蹈覆辙。害怕危险常能获得安全，害怕灭亡常能获得生存。一个人的所作所为，符合行事之道则吉，不符合行事之道则凶。吉祥的人，各种福报都归集于他一身；不吉祥的人，则各种厄运灾祸都向他袭来。这并非什么神秘的事情，而是自然的规律。行善积德，自然没有坏事侵扰；不深谋远虑，则无法避免忧患的产生。

持重的人，可让他守城池，但不能让他上前线冲锋陷阵；贪图功名利禄的人，可让他去攻城略地，但不能分一支军队让他独自率领；廉洁自律的人，可让他守护君主，但不能让他去做随机应变的事。要根据这五种性格的人各自不同的才能去使用他们。理想志趣相同的人，必然会情投意合；都有仁慈侠义之心的人，必然相互关心；为非作歹之徒必然结党营私；有相同爱好的人，自然会互相访求。同为倾城倾国的佳丽，必然互相嫉妒；同样才智超群的人，必然互相较量各自的谋略；具有同等权势地位的人，必然互相排挤，彼此倾轧；有同样利害关系的人，必然互相猜忌。有共同语言的人，互相应和；气韵旋律相同的人，互相感应；同一类型的人，互相依存；具有共同道义的人，互相亲近；处于同样困难中的人，互相帮助，同舟共济；同一条道上的人，互相扶助，促其成功。从事同一技术行业的人，互相窥探；有同一技能的人，互相较量，以争其高低。以上这些都是自然界的变化规律，不可违背。

放任自己，却一味教育别人的人，别人不会接受他的说教；先端正自己，再去教化别人的人，别人就会接受他的教化。违反常理则下属难以顺从，顺应天理则易于行事；不顺从则易生动乱，易行事则社会安定有序。

上述讲的这些道理要用心体会并身体力行，那么修身、齐家、治国都可以取得不错的成绩。

为人智慧

懒惰者和幸福人生无缘

如果国家要富强就要增产节约，生聚有方，而一个人要摆脱贫穷就要从勤奋节俭做起。黄石公说："富在迎来，贫在弃时。"这是在教导人们，想发家致富要勤俭，谨身节用才是生财之道；而贫困往往是由于怠惰、不务其本。

常常有人说："越有钱的人越抠门。"每个人的钱都来之不易，很多富人付出比别人更多的努力才拥有了财富，因此他们非常明白节俭的意义。养成节俭的习惯可以帮助你度过贫穷的日子，一点儿一点儿积攒也能够慢慢地脱贫致富。

一个富人见一个穷人很可怜，发善心表示愿意帮他致富。富人送给穷人一头牛，嘱咐他好好开荒耕地，等春天来了撒上种子，秋天收获后就可远离贫穷了。

穷人满怀希望开始开荒耕地，可是没过几天，牛要吃草，人要吃饭，日子比过去还难。穷人就想：不如把牛卖了，买几只羊，先杀一只吃，剩下的还可以生小羊，长大了拿去卖，可以赚更多的钱。

穷人的计划付诸了行动。只是当他吃了一只羊之后，小羊迟迟没有生下来，日子更艰难了，他忍不住又吃了一只羊。穷人想：这样下去还得了，不如把羊卖了，买几只鸡，鸡生蛋的速度要快一些，卖鸡蛋立刻可以赚钱，日子立刻好转。

穷人的计划又付诸了行动，但是日子并没有好过起来，他忍不住杀了一只鸡。终于杀到院子里只剩一只鸡了。穷人想：致富是无望了，还不如把鸡卖了，打一壶酒，三杯下肚，万事不愁。

很快春天来了，发善心的富人兴致勃勃地送来种子。他吃惊地发现：穷人正就着咸菜喝酒，牛早就没有了，房子里依然一贫如洗。穷人如果节俭一点儿，熬过最艰难那段时间，等粮食收获以后他就能渡过难关，摆脱贫穷。

在社会生活中，因为各种不可预知的因素存在，人们很难预料到在生命的哪个阶段会碰上灾难或打击，所以为了应付这些倒霉的事情，适度的节俭就显得尤为重要。超级富翁们更懂得节俭的意义和做法。

王永庆是台塑集团创始人，身价有百亿美元，就是这样一位大富翁却是有名的"小气鬼"。他曾在多个场合强调"节省一元等于净赚一元"，平时省吃俭用，对子女也这样要求。比尔·盖茨说："等你有了一亿美元的时候，就明白钱不过是一种符号，简直毫无意义。"一次盖茨和一位朋友同车前往希尔顿饭店开会，由于迟到了，找不到停车位，他的朋友建议把车停到饭店的贵宾车位上。盖茨却不同意："这要花十二美元，可不便宜。""我来付。"他的朋友说。"那可不是个好主意。"盖茨说完坚持不将汽车停放在贵宾车位上。

这些富有之人本来应当坐好车，穿名牌衣裳，过高档奢华的生活，但他们非常节省。这让许多人不明就里。其实这恰恰是他们成功的秘诀之一。

节俭是一些人成功的原因之一，他们养成了精打细算的习惯，有钱就好好规划，而不是乱花。省下手中的钱，用在更有意义的地方。就像王永庆等人一样，把钱用于投资、做慈善。节省一分钱，就是为自己增加一分钱的资本。所以，梦想有一天富有的人们，请从现在开始养成节省的好习惯，这将成为你变富有的基石。

有人说，人生当中真正的幸福莫过于用自己的力量取得成功。因为凡事人先通过自己的努力，拼搏一番，才能在实践中得到锻炼和提高，不断积累经验、总结教训，才能逐步培养起来坚定的自信心和坚韧不拔的意志。如果一个人很懒惰，那也就意味着他已经远离了幸福。比如在农业生产中，不误农时才有收获，如果懒惰拖沓，延误了春种的时机，又如何会有秋收？

人要靠双手为自己赢得自由和尊重。懒惰者终将一事无成，幸福会像害怕瘟疫一样害怕懒惰。因为不劳而获这种事情，不会在你身上出现，上帝不会为一个懒蛋打开另外一扇门。

那些思想贫乏的人、愚蠢的人和慵懒怠惰的人只注重事物的表象，无法看透事物的本质。他们只相信运气、机缘、天命之类的东西。看到人家发财了，他们就说："那是幸运。"看到他人知识渊博、聪明机智，他们就说："那是天分。"发现有人德高望重、影响力大，他们就说："那是机缘。"

他们不曾亲眼看见那些人在实现理想过程中经受的考验与

挫折，因此就认为那些人的成功完全来自"运气"。任何人都要经过不懈努力才能有所收获。收获的成果大小取决于这个人努力的程度，没有机缘巧合的事存在。

懒惰者的重要特征就是拖沓。对渴望成功的人来说，拖沓最具破坏性，也是最危险的恶习，它使人丧失进取心。

拖沓是因为人的惰性在作怪。每当需要付出劳动时，或要做出抉择时，我们总会为自己找出一些借口来安慰自己，总想让自己轻松些、舒服些。有些人能在瞬间果断地战胜惰性，积极主动地面对挑战；有些人却深陷"激战"的泥潭，被主动和惰性拉来拉去，不知所措，无法定夺……时间就这样一分一秒地浪费了。

如果我们认准了一件事，就要立即行动去做，不要因拖延和懒惰而一事无成。"明日复明日，明日何其多。我生待明日，万事成蹉跎。世人苦被明日累，春去秋来老将至。"对有些人来说时间是金钱，对有些人来说时间是废品，**一百次的胡思乱想抵不上一次的行动**。

当我们有一天发现无聊伴随我们左右，我们对自己失去了信心，对自己的毅力也产生了动摇。可想而知，在那种没有目标的日子里，有一个最重要的东西流失了，那就是幸福。

你要吸引什么样的人，就要努力做这样的人

刘禹锡的《陋室铭》有这样两句："谈笑有鸿儒，往来无白丁。"其意在表达作者即使身处陋室，但是与之交往的人都

有高尚的情操和渊博的学识。与优秀的人接触，自然会潜移默化地受到优秀的人的影响。相反，经常与劣迹斑斑的人为伍，难免也会沦落为品行低下的人。真正能够做到"出淤泥而不染"的人毕竟是少数。有时我们会发现，我们无法与某些人进行深入的交流、切磋，原因可能就在黄石公所说的"同智相谋"：我们在思想、学识等方面跟这些人有较大差距。"同智相谋"意思是人在选择对手或朋友的时候，总会选择那些与自己才智水平相当的人。所以，如果你希望能够与品行高雅、学识渊博的人交往，能够从这样的人那里学到点儿东西，那么你要先提升自己。吸引力法则告诉我们：当我们思想集中在某一领域时，跟这个领域相关的人、事、物就会被吸引而来。

当然，提升自我、追求进步的过程也是曲折而坎坷的，人们往往经历了挫折，在无情的现实中四处碰壁之后才能够实现目标。

刚刚博士研究生毕业的方明到某高校任教。自以为学术功底扎实的他在教研活动中才发现自己所掌握的书本知识在实际运用上并不顺利，而且对所学专业的前沿理论也知之甚少。意识到这些之后，方明并没有下决心奋起直追，而是心不在焉地认为还可以凭老底混几年，趁年轻先好好玩玩再说。又过了几年他才感觉这么下去并不是办法。因为在教研室进行学术讨论的时候，其他同事都能够侃侃而谈，发表自己的观点，唯独他常常没有成熟的看法，这时他感觉到同事向他投来怀疑的眼光。遇到教研室申请下来了国家社科基金的课题，要分为几个子课题，教研室里的人也要随之分为几个课题组。方明非常想和理论功底深厚、学识渊博的资深教授一组，却被人家婉言拒绝。校方只给他分配了行政助理的职务。遇到学科内的高端会议，由于那些资深专家、教授交换的观点很难懂，他自然也很难参与进去，更谈不上发表自己的观点，也很难有人认识他。这使他深刻认识到，自己学术水平不够，就很难得到大家的认同和肯定，不可能进入到学术界的核心圈子里去。认识到这点以后，他开始下功夫钻研学术，潜心搞调查研究。在这个充满寂寞、孤独的过程中，他也体会到了钻研学术的快乐、幸福。功夫不负心人，两年的时间里他就在国家核心期刊发表了四篇学术论文，令同事刮目相看，并被学校优先提拔为副教授。这时，愿意与他切磋、交流学术观点的学者、专家也多起来了。

如果你想与优秀者共处，那么你就要自己先练就好本领，才会得到优秀者的赏识。不可否认，在工作中，大家都希望能够与业务水平高的人在一起，从而能够提升自我。但是，你想要吸引什么样的人，首先修炼你自己。你若盛开，清风自来。

志趣相投的人才会欣赏同一片风景

志同道合者为朋，意气相投者为友。硬要和三观不合的人在一起，你只会时常因迁就他人而违背自己的心意，消耗你的耐心和精力。梁漱溟先生认为择友的标准应该是"趣味"，他说："朋友相交，大概在趣味上相合，才能成为真朋友。"这个趣味包括学识、品格、个人喜好等方面，即《素书》中所说的"同志相得，同仁相忧，同恶相党，同爱相求"。彼此三观一致，才能一路同行，肝胆相照，契若金兰。

梁漱溟先生说，自己在二三十岁时所交的朋友，"差不多没有一个不比我年纪大的，如张难先、林宰平、伍庸伯、熊十力诸先生。不同年龄的人其趣味不同，而竟能成为很好的朋友，这都不是容易的"。

金庸先生所著的《笑傲江湖》中，刘正风是正道名宿，曲洋是魔教长老，两个人却因为共同的爱好——音乐而结为生死之交，琴箫合奏《笑傲江湖曲》。他们在共同的兴趣上达到了高度的契合，最终双双殉乐而死。三国时期魏嵇康曾说："内不愧心，外不负俗。交不为利，仕不谋禄。"与人结交不是为了从中获得什么好处，只要脾气相投就行了。

梁漱溟先生还认为，一个人既是从自己的趣味高低去定朋友的高低，也是通过朋友的高低来奠定自己在社会上的信用地位。

曹操为了得到徐庶，将徐母软禁在曹营。程昱赚得徐母笔迹，模仿她的字体，诈修家书一封，派人送到徐庶那儿。徐庶是个至孝之人，为全孝道，只得赶往曹营。拜别刘备之际，徐庶不仅说日后纵然曹操相逼，也"终身不设一谋"，并且还为刘备推荐了一个奇士。

刘备认为天下之才无出徐庶之右者，于是便问那人的才德与徐庶相较如何。

徐庶回答："以某比之，譬犹驽马并麒麟、寒鸦配鸾凤耳。此人每尝自比管仲，乐毅，以吾观之，管、乐殆不及此人。此人有经天纬地之才，盖天下一人也！"

徐庶口中的绝代奇才正是谋定三分天下的诸葛亮，刘备这才知道他就是水镜先生司马徽昔日所言的"伏龙、凤雏，两人得一，可安天下"中的伏龙。

刘备准备去拜访诸葛亮时，司马徽前来拜访，刘备便向他打听诸葛亮其人。司马徽说："孔明与博陵崔州平、颍川石广元、汝南孟公威并徐元直四人为密友。此四人务于精纯，惟孔明独观其大略。尝抱膝长吟，而指四人曰：'公等仕进可至刺史、郡守。'众问孔明之志若何，孔明但笑而不答。每常自比管仲、乐毅，其才不可量也。"

关羽插嘴道："某闻管仲、乐毅乃春秋战国名人，功盖寰宇；孔明自比此二人，毋乃太过？"

司马徽却说孔明不但可与管仲、乐毅相比，而且可与"兴周八百年之姜子牙、旺汉四百年之张子房"相比。

第二天，刘备就带着关羽、张飞前去隆中求贤。

诸葛亮一面未现，也一谋未设，就已经得到了刘备的仰慕与信任，何也？正是因为他所结交的徐庶、司马徽等人都非泛泛之辈。司马徽清雅识人，有仙风道骨；徐庶的韬略才识时人难及，因此曹操才想方设法笼络他，刘备为他饯行时才会泪如雨下。这两位都对诸葛亮很推崇，刘备自然深信不疑，心向往之。之所以会有那段"三顾茅庐"的历史佳话自然也在情理之中了。

诸葛亮有经天纬地之才，有经邦济世之抱负，才可能与徐庶探讨天下大势，才能够得到司马徽的赞赏。可见，自己的志趣高雅才能够交到好的朋友，才能够在社会上建立起自己的信誉和地位。因此，我们要不断地自我砥砺，培养自己的才学品格，同时也要多与贤能君子结交。

处世智慧

用历史观照当下发生之事

古今中外的许多贤人智者都对历史的借鉴作用有一致的看法。黄石公认为，历史能够让人们"见已生者慎将生，恶其迹者须避之"。意大利历史学家马基雅维利也认为，君主还应该阅读历史，并且研究历史上伟大人物的事迹，看看他们在战争中是怎样做的，找出他们胜利与失败的原因，以便避免步其后尘。

历史是一笔宝贵的财富，它如同一面镜子，映照出前人的是非成败、对错恩怨，后人可以从中汲取许多经验和教训，借以指导现实生活中的所作所为，使人们不会重蹈覆辙。把历史视为现实的指导，能帮助人们规避很多前人所犯的错误，更有利于人们生活和做事。

据说，马其顿的亚历山大大帝效法古希腊神话中伟大的英雄阿喀琉斯，恺撒大帝效法亚历山大大帝，古罗马军队统帅西庇阿效法居鲁士大帝。听说过亚历山大大帝、恺撒大帝的大名的人虽然多，但是听说过普布利乌斯·西庇阿的人很少。

西庇阿是古罗马非常有名的将军，他曾经战胜过北非古国迦太基著名军事家独眼汉尼拔。当时汉尼拔的威名响彻欧洲，曾令人闻风丧胆，但他还是输给了西庇阿。

西庇阿将居鲁士视为心中偶像，他对居鲁士的人格和行为极为推崇。同时在纯洁、和蔼、仁慈、宽宏大量等方面，西庇阿也与居鲁士非常相似，他的贤明简直让人目瞪口呆。他一生宽容到令人甚至觉得他懦弱无能，如果不是元老院一直在保护他，也许西庇阿很快就会成为军事傀儡。不过，即便遭人非议，西庇阿从不为他的仁慈而后悔，因为他觉得，如果不能好好地爱护臣民，他也许就无法做一个出色的将领。历史告诉他，唯有如此才能广受爱戴。

把历史作为自己的指导，或者以历史为鉴来帮助自己成事，这是明智者通常的选择。大到治国，小到立人，历史都能作为参考，反映人的行为对错，帮助人们做正确的抉择。

1937 年 10 月 11 日，罗斯福总统的私人顾问亚历山大·萨克斯受爱因斯坦等科学家的委托，在白宫同罗斯福进行了一次会谈。会谈的主要目的是，要求总统重视原子能的研究，抢在德国之前造出原子弹。

萨克斯先向罗斯福面呈了爱因斯坦的长信，接着读了科学家们关于发现核裂变的备忘录。然而，罗斯福总统对这些枯燥、深奥的科学论述不感兴趣，虽然萨克斯竭尽全力地劝说罗斯福总统，但罗斯福最后还是说了一句："这些都很有趣，不过政府若在现阶段干预此事，似乎还为时过早。"这一次交谈，萨克斯失败了。

第二天，罗斯福邀请萨克斯共进早餐。萨克斯十分珍惜这个机会，决定再尝试一次。一见面，萨克斯尚未开口，罗斯福便以守为攻地说："今天我们吃饭，不许再谈爱因斯坦的信，一句也不许谈，明白吗？"

萨克斯望着罗斯福总统含笑的面容说："行，不过我想谈一点儿历史。"因为他知道，总统虽不懂得物理，对历史却十分精通。

"英法战争期间，"萨克斯接着说，"在欧洲大陆战无不胜的拿破仑，在海战中却不顺利。这时，一位年轻的美国发明家罗伯特·富尔顿来到这位伟人面前，建议把法国战舰上的桅杆砍断，装上蒸汽机，把木板换成钢板，并保证这样便可所向无敌，很快拿下英伦三岛。但是，拿破仑认为，船没有帆就不能航行，把船的木板换成钢板就会沉没。他认为富尔顿是个疯子，把他赶了出去。历史学家在评价这段历史时认为，如果拿破仑当时采用富尔顿的建议，19世纪的历史将会重写。"

萨克斯讲完后，目光深沉地注视着罗斯福总统，他发现罗斯福总统已陷入了沉思。过了一会儿，罗斯福平静地对萨克斯说："你胜利了！"萨克斯激动得热泪盈眶，他明白胜利一定会属于盟军。萨克斯的借古谏君术大获成功。

熟读历史，就能通过史事总结出在现实当中切实可行的理论和方法。从某方面说，历史是指导人们经营现实的哲学。当我们了解了这一点，就会意识到脑海中关于过去的记忆库可能是我们成功的契机。

给他人留后路就是为自己筑坦途

人非圣贤，孰能无过？宋代文士袁采说过："圣贤犹不能无过，况人非圣贤，安得每事尽善？"人与人之间往来，不可避免地会出现或大或小的差错，这时不要横加指责，大声呵斥，甚至将其置于走投无路的境地。这种偏激的做法，刺激了他人，对自己绝对没有好处。对于这一点，黄石公早就提出了告诫，他说："怨在不舍小过。"很多时候，别人对我们产生仇恨心理并不是因为我们得罪了他们，而是我们对他人的小过不能宽恕。

相反，在人际交往中，我们若能以善良、仁爱的心对待他人，宽以待人，得饶人处且饶人，就能获得好人缘。给他人留一点儿余地，也是在为自己筑一条坦途。

汉文帝时，袁盎曾经做过吴王刘濞的丞相。他的从使跟他的侍妾私通，但是怕袁盎降罪于他，就畏罪逃跑了。袁盎知道后亲自带人将他追了回来，将侍妾给了他，对他仍像过去那样倚重。

汉景帝时，袁盎入朝担任太常，奉命出使吴国。吴王当时正在谋划反叛朝廷，想将袁盎杀掉。他派五百人包围了袁盎的住所，袁盎对此事毫无察觉。恰好那个从使在围守袁盎的军队中担任校尉司马，他买来二百石好酒请这五百个兵卒开怀畅饮。围兵们一个个喝得酩酊大醉，瘫倒在地。当晚，从使悄悄溜进了袁盎的卧室，将他唤醒，对他说："你赶快逃走吧，天一亮吴王就会将你斩首。"袁盎问："你为什么要救我呢？"从使对他说："我就是以前那个偷了你的侍妾的从使呀！"袁盎大惊，赶快逃离吴国，脱了险。

东晋谢安在这方面的做法也是一个典型的例子。

谢安在做宰相之前曾经陪伴哥哥领兵打仗。他发觉哥哥不会做官，作为主帅，每天只知道吟诗作赋，不与将士结交，甚至还侮辱众人，惹得将士们怨声载道。他感觉事情有些危险，必须得提前预防和准备。于是他广施钱财，多和军队里的将领们结交。东晋后来打了败仗，军士们趁机哗变，要杀谢安和他哥哥，但是大家想到谢安平时为人甚好，于是纷纷为他求情，使他躲过了此劫。

《菜根谭》里有这样的话："彩笔描空，笔不落色，而空亦不受染；利刀割水，刀不损锷，而水亦不留痕。""待人而留有余，不尽之恩礼，则可以维系无厌之人心；御事而留有余，不尽之才智，则可以提防不测之事变。"也就是说，不管是待人还是接物，都应该留一点儿余地。对于别人的过失，应该像用彩笔在天空画画，用快刀斩水，做到适可而止，这样就可以像天空不受染、水不留痕一样，可以保持彼此原本的关系，不会因为过分批评对方的过失而影响到双方的交往。

在日常交往活动中，若是对方未能满足自己的要求，或是有什么过错，我们都不应该怀恨在心。因为怨恨只会加深彼此的误会，而且还会扰乱正常思维，引起急躁、偏激的情绪。人与人之间的交往是缘分，不必计较太多，也不必苛求对方尽善尽美。多一些宽容和体谅，得饶人处且饶人，那么彼此之间的不愉快之事便会迎刃而解。

此外，有些人在手握关卡的时候，总是一副"天下之大，舍我其谁"的架势，对别人的请求，甚至哀告，置之不理，不屑一顾。其实与人方便就是与己方便，将别人渴望的东西主动送上门去，能免愤恨、招感激，为自己赢得一份宝贵的人情，给以后的人生留下了余地。因为世事艰险，谁也说不准会遇到什么天灾人祸，如果不注意在人生的点滴处留人情，无形中就会给自己埋下不少可怕的定时炸弹；而如果得饶人处且饶人，适当地网开一面，也许就在无形中消除了很多危险。

西方古谚说："原谅你的仇敌。"这并非仅仅是道德说教，或是经验之谈，而是显示你的宽宏大量，还可能因此得到对方回赠的好处。在生活中，尽量与人为善，把对手变成朋友，人生才会越走越开阔。

行动起来，努力实现远大目标

一个人在道路上能走多远，要看他是否有长远的眼光。《素书》中"无远虑者有近忧"，说的就是这个道理。有很多成功人士面临过金钱的诱惑，有的还经历过困境的阻挡。如果他们不能够很清醒地意识到未来的图景，那么他们也许就会被眼前的利益所诱惑，并被困境束缚。

战国时期有两个读书人，他们不仅是好朋友，还同受业于当时的名师鬼谷子。这两个读书人就是我国历史上有名的说客苏秦和张仪。

苏秦出道较早，成功也来得顺利，而张仪出道后起先都郁郁不得志，找不到出路。看到苏秦已成大事，张仪便想投身苏秦门下，找到一条晋升的捷径。于是，他来到苏秦的府邸，期望求到见面攀谈的机会。一连几天，苏秦也没有来见他。之后，苏秦的属下安排他住下来，好不容易才碰上这位发达了的老友。可惜，苏秦没有热情地款待他。吃饭的时候，苏秦不但没有与张仪坐在一起，还安置他坐在最末的位子，给他吃仆役们才吃的粗饭。苏秦还用话语羞辱他，说："以阁下的才干，怎么会潦倒到如此地步呢？我实在没有法子帮你，你还是靠自己的运气吧。祝你好运。"

远道而来的张仪，满以为见到老朋友苏秦后，一定会得到苏秦的热情招待和帮助，没想到反而招来无端的羞辱。于是，他愤怒地离开了苏秦的府邸，希望以后凭着自己的才能，与苏秦一争高下。

当张仪走了以后，苏秦却暗中派人沿途用金钱接济他，支持他游说秦国的工作。苏秦的门人们很奇怪，纷纷问苏秦是怎么回事。苏秦说："张仪的才干，在我之上，我怕他为了贪图一时的眼前小利，过分安于现状而丧失了斗志。所以，我羞辱了他一番，以便激起他的上进心。"

张仪是幸运的，有这样的好朋友激励他、帮助他。并不是所有的人都有这样的朋友，所以我们要不断提醒自己、激励自己，让自己的目光始终望着远方，让自己沉浸在实现远大目标的行动之中，这才是最为重要的。

眼光长远的人往往能走在时代的前沿。他能看见别人所不能看见的东西，掌握事物发展的未来趋势，因而能先行一步。在我们这个竞争日趋激烈、创业变得很艰难的时代里，眼光长远是成功不可或缺的元素。短视者很少能取得事业成功，即使他们曾经拥有很优越的条件。他们往往被眼前的利益所迷惑，在透支享受今天的同时，忘记或忽略了给明天播种，最后只能被明天抛弃。

这就像下围棋一样，技高者能看出五步、六步、七步甚至十几步棋，技低者只能看出两三步。高手顾大局，谋大势，不以一子一地为重，以最终赢棋为目标；低手则寸土必争，结果在辛苦中屡犯错误，以失败告终。

人生就像是马拉松比赛，谁先到达终点，谁就是胜者，谁就是英雄。不可能有人边跑马拉松边不断采摘路边野花，最终却能获得冠军。而且，过程是为目标服务的，再美妙的过程如果最终收获的是苦果，也不会有太大的意义。

做任何事都不会一帆风顺，总会遇到困难。这就要求你在最困难的时候，要有长远的眼光，自己给自己定好位。

莫让我们的梦想因别人的几句冷言冷语而消失。安于现状，只会使你丧失获得卓越成就的能量。只要你的眼光看得够远，就一定能真正飞起来。

管理智慧

调整管理风格，营造良好管理氛围

从《素书》中"危国无贤人，乱政无善人"我们可以明白：在一个混乱、动荡的国家中，出于形势所迫，人人力求自保因时而动，这样就不会产生所谓的贤、善之人。由此推广到企业管理中，大氛围不论是对公司还是对员工的发展都至关重要。

尽管可能企业的领导者听不到，但是员工之间或员工与他的朋友间一定会有这样的谈论："我们领导高瞻远瞩，总是比同业多看到好几步棋，能加入到他的团队中我很自豪。""我们领导事必躬亲，下属凡事都要请示、汇报，工作效率低，员工士气低落。""我们头儿给我们分配任务时，常常让我们感到无所适从。"等等。他们议论的不是领导，而是他们所在的工作氛围。

工作氛围是一个看不见、摸不到的东西，但可以确定工作氛围是在员工之间的不断交流和互动中逐渐形成的。没有人与人之间的互动，氛围也就无从谈起。制度在这方面所能起到的作用有限，最多也不过是起到一个基本的保障作用。更重要的是，制度因为多种原因不能够得到很好的执行，这就要求充分发挥人的作用。人是环境中最重要的因素，好的工作氛围是由人创造的。领导者对工作氛围的形成有重要引导作用，领导者的个人风格很大程度影响着团队氛围、工作氛围。

现在的员工越来越看重工作氛围。孟子说："天时不如地利，地利不如人和。"人和，即良好的人际关系和工作氛围，已成为人才在选择工作单位时看重的工作条件之一。可以这样讲，良好的工作氛围，既是一种条件，也是一种待遇。没有这个条件，人才不来；没有这种待遇，人才也不来。

一家大型网络公司被并入某跨国企业集团中，这引起了业界人士的关注。然而，在这家著名网络公司工作的一位中层经理出人意料地说了这样的话："我们最关心的是在进入新公司后，是否能有原来的工作氛围。"当员工将要进入新公司的时候，关心的不是待遇、职位……而是工作氛围。可见，工作氛围对现代从业者是非常重要的事情。

研究表明，领导者的不同领导艺术会营造出不同工作氛围，而工作氛围最终影响到组织的绩效。有统计数字显示，影响组织成功主要有四个关键因素：个人素质、职位素质要求、管理风格、工作氛围。其中，工作氛围对组织绩效的影响程度达35%，而管理风格对工作氛围的影响度高达72%。

可见，积极建立良好的工作氛围是成功领导者的一项必备能力。建立良好的工作氛围，不仅是领导者领导能力的体现，对员工精神需求的满足，更是成功企业的内在必然要求，因为工作氛围的好坏，直接决定着员工的工作效率。

以下是这方面的一个案例。张君，生性开朗、活泼，喜欢和人交流，不愿意受约束。他从事的是技术开发工作。刚到公司的头一天，他发现部门气氛比较严肃，大家都坐在自己的位子上一言不发，闷头干事，也很少有人走动。他很不习惯。尽管工作环境很安静，但他的内心似乎有千军万马，令他焦躁不安并且工作效率很低，以前他一天能完成的工作任务如今变成了两天。这个案例清晰地说明工作氛围对工作绩效的影响。

因此，领导者应该注意适当调整自己的管理风格，营造出良好的工作氛围。良好的工作氛围是自由、真诚和平等的，是员工在对自身工作满意的基础上，与同事、上司之间关系相处融洽、互相认可，有集体认同感，充分发挥团队合作，共同达成工作目标，在工作中共同实现人生价值。在这种氛围里，每个员工在得到他人认同的同时，都能积极地贡献自己的力量，并且全身心地朝着组织设定的发展方向努力，在工作中能够随时灵活方便地调整工作方式，使之具有更高的效率。领导者应该掌握创造良好工作氛围的技巧，并将之运用于自己的工作中，识别出那些没有效率和降低效率的行为，并有效地进行变革，从而高效、轻松地获得创造性的工作成果。

只有自己先沉稳了，别人才不会动摇

马基雅维利说，一个君主如果被人认为变幻无常、轻率浅薄就会受到轻视。换作黄石公的话说，就是："上无常躁，下多疑心。"领导者首先自己要沉稳，决策政令不可冲动，而一旦做出决定就必须言出必行，坚定自己的立场。

唐初，大理寺负责审判来自各地的疑难、死刑以及京官犯法的案件。大理寺不仅有审判权，而且还有否决权，有权驳回地方审判不当的案件。因为它的职责是重大的，所以唐太宗从慎刑原则出发，确立了"大理之职，人命所悬，当须妙选"的标准。

贞观元年（627），唐太宗任命戴胄为大理寺少卿。当时朝廷急需人才，个别士人为了求个官职，不免弄虚作假，谎称"高学历"。后来有一人的身份被识破，唐太宗于是下了一道"令其自首，不首者罪至于死"的圣旨，但还是有人顶风作案。应选的柳雄隐瞒了伪造的资历，事后被查获。按照皇上旨意要处死柳雄，但是"明习律令"的戴胄据法断为流放。

唐太宗质问戴胄说：朕已下过不自首则处死刑的敕令，你戴胄为什么断为流放，是想让天下人知道我言而无信吗？戴胄反驳说：陛下有至高无上的大权，但既然此案已经交付大理寺审理，我们就要忠于法律，"臣不敢亏法"。当时《唐律》尚未颁布，依据《武德律》的诈伪律条文来量刑，只能判处徒刑，流放已经是看在唐太宗的面子上重判了，断不到判处死刑的地步。"不首者罪至于死"，显然是唐太宗盛怒之下的旨意，不符成文法的规定。

戴胄说帝王要立信，国法也要立信，而且国法比圣旨的立信更重要，是"立大信"，于是他谈了立法与立信的关系。国家立法的目的在于司法，这样才能取信于天下。帝王切不可以一时的感情冲动之言，取代国法；否则就失"大信"。

余怒未消的唐太宗还想拿"取信于民"说事，但是听到戴胄一番"小信"与"大信"的言论，也马上意识到自己是一时冲动。虽然已经亮出了君命一言九鼎的底牌，但是他还是收回成命，按法律断为流放。

对领导者来说，最大的威胁莫过于自己的权力和威信被动摇。上面的故事发生在唐太宗登基之初，他还在树立威信的时候。戴胄坚持和他唱对台戏，一般人是不能容忍的。但是唐太宗接受了正确的建议，不仅没有抹杀他的威信，反而让其他人看到了他诚心纳谏的行动，鼓励了更多人提出有价值的建议。

领导者的朝令夕改、出尔反尔是最大的不守信。此外，领导者若是三令五申，也属于无信，并且还会暴露其无能，因此领导者要慎"言"。只有慎"言"、贵"言"才能树立起自身的权威，以高尚的人格魅力彰显领导者风范。

做决策必然要和别人沟通，必然要去执行。一项决策获得成功，需要团队合作和支持，但是这并不意味着你要盲目从众。孔子说："众恶之，必察焉；众好之，必察焉。"要坚持是非标准，而不可简单盲目地从众。领导者要明白一个道理，大多数人的眼睛未必是雪亮的。许多情况下，大多数人往往看不到长远利益，缺乏必要的战略眼光，所以领导者除了重视别人的意见，更要有自己的主见。

当一个下属来向领导者提意见的时候，领导者要有正确的判断是非的立场。《贞观政要》上有这样一个故事。

贞观二年（628），文德皇后听说隋通事舍人郑仁基的女儿容貌出众，就请求唐太宗纳她为妃嫔，于是唐太宗便聘她为充华。诏书已经写好了，不过册封的使者尚未出发。这时魏徵听说这名女子已经许配给陆家，就赶忙向唐太宗进谏："陛下身为百姓的父母，抚爱百姓，应该为百姓的担忧而担忧，为百姓的欢乐而欢乐。自古以来，有道的国君都是以百姓的心为心，考虑百姓所担忧的事情。国君住楼台馆阁，就要让人民也有房屋可以安身；国君吃膏粱鱼肉，就要让老百姓也没有饥寒的顾虑；国君选妃嫔宫女，就要想到百姓也有娶妻成家的欢乐。这是国君应该具备的基本道德观念。如今郑氏的女儿，早已许配人家，陛下聘娶她时，心中居然没有一丝怀疑，也不曾询问。这件事如果传到社会中去，难道是国君为民父母的作为吗？我虽然听到的只是传闻，不一定很确切，但唯恐损伤陛下的名誉和圣德，所以不敢隐瞒。国君的一举一动都要载入史册，希望陛下特别留神。"

唐太宗听说后大吃一惊。他亲手写了封信回复魏徵，深深自责，并立即停派册封使，并下令将该女子送还给陆家，但是陆家坚持要让其进宫，表示并无婚约。唐太宗感到迷惑不解，这时魏徵说："太上皇平定京城长安时，得到了辛处俭的妻子，并渐渐对她宠爱起来。当时辛处俭仍担任太子舍人，太上皇知道后很不高兴，即刻下令将他贬出东宫，让他做万年县县令。辛处俭经常胆战心惊，担心性命难保。陆爽担心陛下今天虽然能宽容他，但将来会暗中将他贬谪惩罚，所以反复辩解表白。"于是，唐太宗废了诏书，向陆家道歉。

唐太宗和魏徵在关键时刻都没有被突发的情况困住，而是坚持正确的立场，不仅消除了后来可能出现的更多困扰，而且防患于未然。不管是与下属沟通工作，还是商谈合作事宜，领导者想要掷地有声，说话有分量，最忌讳的就是立场不正确，以权谋私。

因势用人显管理大智慧

黄石公在《素书》中为我们提供了许多精妙的用人智慧。比如"逆者难从，顺者易行；难从则乱，易行则理"，就是一种因势用人的智慧。

古人云："三代之际，非一士之智也。"在不同的阶段，需要不同的人才提供不同的智谋，如此才能更好地应对时变，只靠某一个或某种类型的人才提供的智力支持是远远不够的。因势用人，应时势的变化而起用不同类型的人才，形成不同的智慧资源，这是用人艺术最精微，也是最玄妙之处。

孔子曰："道千乘之国，敬事而信，节用而爱人，使民以时。"在企业管理学上，"使民以时"可以引申为用人时应该把握时机，做到因势用人。在因势用人这方面，汉高祖刘邦可谓是做到了极致，他通常能根据不同的时期与形势，以及不同的人才特点，采取不同的用人策略。

刘邦是以霸术而得天下的。在西汉未定时，他依靠张良、韩信、萧何、英布等人的辅助，东征西讨，最终打败项羽，建立西汉王朝，即史书上所载"居马上得之"。此时的刘邦对"迂腐"的儒生是不屑一顾的，并曾对儒生做出"解其冠，溲溺其中"的行为。

西汉建立初期，刘邦对儒生依然十分排斥，一谈到诗、书、礼、乐便心生厌恶。大臣陆贾深通世变，偏偏时常在刘邦面前提起《诗经》和《尚书》，弄得刘邦很不耐烦，大骂道："老子我提三尺剑，于马背上得天下，要《诗》《书》有何用！"

对此，陆贾则反驳说："您于马背上得天下，难道就说明您也要在马背上治理天下吗？在古代，商汤王和周武王反对暴虐待人，顺应了天下民心，依靠文人武将共同治理国家。而吴王夫差和晋国的智伯凭借着武力称霸天下，不懂得权变，最终因随意使用武力，不断发动侵略战争而败亡。秦始皇只知依靠严刑酷法治理国家，不懂得随着时势的变化而作出改变，最终秦朝灭亡。如果当初秦始皇统一天下以后，遵循先圣的教诲，实行仁义的政策，您又怎么能够取而代之呢！如果您还于马背上治理天下，则恐怕也不会长久啊！"

听了陆贾的话后，刚刚获得天下不久的刘邦又是惊讶，又是后怕：自己不懂得审时权变，意识不到用人、用术要随时势而变，差点酿成大错。此后，刘邦开始大量起用儒生，帮助自己治理天下。

"居马上得之，宁可以马上治之乎？"打天下与安天下有别，在用人时自然要遵循不同的方法。刘邦之所以很快地转变自己的用人策略，正在于他明白打天下和治理天下需要不同的人才。

《吴子·治兵》说："教战之令，短者持矛戟，长者持弓弩，强者持旌旗，勇者持金鼓，弱者给厮养，智者为谋主。"吴起（即吴子）这里讲的短者怎样、长者怎样等是从教练作战之法角度讲，其实这里内含着一些用人之道，就是因势用人的问题，即根据人才个人特点用之。这与刘邦的因势用人之道有异曲同工之妙。

因此，用人一定要灵活机动，把握好"势"，只有这样才能合理地分配任务，使下属在轻松愉快的氛围中把工作做到最好。

图书在版编目（CIP）数据

素书：感悟传世奇书中的成功智慧/（西汉）黄石公著；丁敏翔编著.—北京：中国民族文化出版社有限公司，2023.11

ISBN 978-7-5122-1764-5

Ⅰ.①素… Ⅱ.①黄… ②丁… Ⅲ.①《素书》—研究 Ⅳ.① E892.33

中国国家版本馆 CIP 数据核字（2023）第 199902 号

素书：感悟传世奇书中的成功智慧
SUSHU：GANWU CHUANSHI QISHU ZHONG DE CHENGGONG ZHIHUI

著　　者　〔西汉〕黄石公
编　　著　丁敏翔
责任编辑　何敬茹
责任校对　李文学
装帧设计　冬　凡
出 版 者　中国民族文化出版社　地址：北京市东城区和平里北街 14 号
　　　　　邮编：100013　联系电话：010-84250639 64211754（传真）
印　　装　三河市燕春印务有限公司
开　　本　880 mm×1230 mm　32开
印　　张　5.5
字　　数　126千
版　　次　2023年11月第1版
印　　次　2023年11月第1次印刷
标准书号　ISBN 978-7-5122-1764-5
定　　价　35.00 元